Tentatives de lucidité

Textes choisis par François Azouvi.

Albert Jacquard

Tentatives de lucidité

Stock/France Culture

Avant-propos

Accumuler du savoir, approfondir la compréhension peuvent être obtenus en utilisant de multiples parcours. L'émotion, la sensibilité jouent un rôle aussi important dans ce cheminement que la mémoire ou le raisonnement. Notre recherche d'une meilleure lucidité, sur le monde qui nous entoure et sur nous-mêmes, nous pousse à nous poser sans fin des questions et à adhérer à certaines des réponses que nous proposent d'autres humains ou notre propre imaginaire. Peu à peu, nous ajoutons quelques touches à cette œuvre jamais achevée qu'est la connaissance, cette image intérieure de la réalité.

Ce travail d'artisan nécessite quelques techniques ; la fonction de l'école est de nous les enseigner. Toutes les disciplines, scientifiques, littéraires, artistiques, mises au point au cours des millénaires qui nous ont précédés, contribuent à l'efficacité de cet atelier. L'important est de ne pas laisser cette activité trop se ralentir, car les tours de main sont vite perdus lorsqu'ils ne sont pas quotidiennement mis à l'épreuve.

Hélas, notre société nous incite peu à poursuivre ces efforts. Nous sommes pris dans un réseau d'obligations qui ne nous permet guère de profiter des enseignements proposés par le système éducatif, nécessairement organisés de façon rigide, avec des horaires imposés. D'autres voies peuvent cependant être utilement explorées. C'est ce que m'a proposé France Culture, en organisant chaque jour un court rendez-vous consacré à de libres propos. À vrai dire, l'expérience avait déjà été tentée, avec succès je crois, par Radio Canada à Montréal. Durant quelques mois, j'avais participé au journal du matin en dédiant quelques minutes à autre chose que l'actualité, les résultats sportifs ou les cours de la Bourse.

Depuis plus de deux ans, j'ai donc – en ayant conscience de son prix – le privilège de m'exprimer librement sur des sujets que je choisis. Mon objectif est d'apporter un regard différent de celui des innombrables sources d'information qui nous assaillent et qui, souvent, troublent notre vision du réel plus qu'elles ne le décrivent. J'ignore si cette tentative de lucidité atteint son objectif. Ce livre, qui met sous vos yeux quelques-unes des émissions diffusées entre 2001 et 2002, vous permettra d'en juger.

Années, siècles et millénaires

NOUS voici donc dans une année nouvelle. Cela donne prétexte à des réjouissances comme l'a été il y a peu l'entrée dans le nouveau siècle et dans le nouveau millénaire. Permettez-moi de n'y guère accorder d'importance. Le calendrier n'est qu'un repère ; il est commode car il est le même pour tous, du moins au sein d'une même culture. Mais il est si arbitraire que donner un sens quelconque à ce changement ne peut être raisonnable. Les événements cosmiques se déroulent, imperturbables, sans être influencés par notre façon d'en mesurer la durée.

Pour prendre conscience de cet arbitraire, il suffit d'imaginer l'état d'esprit de nos ancêtres du XVIe siècle lorsque leur curé leur annonça en chaire, un beau dimanche, que le pape Grégoire XIII avait décidé que le lendemain du 5 octobre 1582 serait le 15 octobre 1582. Dix journées sont ainsi passées à la trappe, ce qui a dû poser des problèmes métaphysiques à tous ceux qui s'efforçaient de réfléchir au déroulement du temps. Certes, cette décision papale était raisonnable, elle corrigeait l'écart entre la durée réelle d'une révolution de la Terre autour du Soleil et la durée prise en compte par le calendrier julien adopté par Jules César. Cet écart était faible – onze minutes et quatorze secondes – mais, en seize siècles, il s'était accumulé et devenait gênant. Ce rattrapage n'a pas été accepté par l'Église orthodoxe : la correction n'a été apportée en URSS qu'en février 1918, ce qui explique pourquoi la révolution d'Octobre est commémorée chaque année en novembre.

Les changements de siècle n'ont guère plus de signification, car le mot « siècle » n'évoque nullement le nombre cent. Il s'agit plutôt d'une longue durée entre deux événements importants. Avec ce sens, les derniers siècles de l'histoire de France ne sont pas ceux que l'on croit. Le XVIIIe siècle a commencé avec la mort de Louis XIV et s'est terminé avec la Révolution : de 1715 à 1789, il a duré soixante-quinze ans. Le XIXe siècle, lui, s'est prolongé jusqu'à la guerre de 14 : de 1789 à 1914, il a duré cent vingt-cinq ans. Quant au XXe siècle, il n'est pas trop arbitraire de le faire s'achever par la chute du mur de Berlin et la dislocation de l'URSS : de 1914 à 1989, il aura duré, lui aussi, soixante-quinze années.

Avec cette façon de définir les siècles, plus réaliste que la succession des millésimes, nous n'entrons aujourd'hui ni dans la deuxième ni dans la troisième année du XXIe siècle, mais dans sa treizième année.

Peu importent les querelles de chiffres, encore moins les prévisions des mages, des voyants et des astrologues. Seule compte la faculté des hommes à sculpter l'avenir. Pas l'avenir du cosmos, certes – les planètes et les galaxies nous ignorent –, mais l'avenir de notre humanité, qui est entre nos mains comme la glaise entre les mains de l'artiste. S'en préoccuper, c'est réfléchir à cette activité spécifiquement humaine qu'est l'éducation.

La jeunesse actuelle

COMME chacun sait, la jeunesse actuelle est loin de valoir celle d'autrefois ! Regardez-les, les jeunes sont tous nuls, incapables d'efforts, sans idéal... Ce constat, nous l'entendons tous les jours, mais il n'est vraiment pas nouveau. À vrai dire, il a presque toujours été d'actualité, et cela nous incite à en rechercher les causes.

J'ai reçu récemment une brochure du Secours catholique qui m'a appris que la « jeunesse actuelle » n'était guère plus prometteuse autrefois. Voici quelques citations : « La jeunesse est pourrie jusqu'au fond du cœur. Les jeunes gens sont malfaisants et paresseux. Ils ne seront jamais comme les jeunes d'autrefois. » Cette phrase, gravée sur une poterie babylonienne, date de trois mille ans avant Jésus-Christ. « Notre monde a atteint un stade critique. Les enfants n'écoutent plus leurs parents. La fin du monde ne peut plus être loin. » Celle-ci a été écrite par un prêtre égyptien, deux mille ans avant Jésus-Christ. Enfin, plus proche de notre époque : « Les jeunes méprisent les lois et ne reconnaissent plus l'autorité de rien ni de personne. C'est le début de la tyrannie », constate Platon.

Selon les circonstances historiques, le passage du témoin entre générations s'est fait plus ou moins facilement. Lorsque le monde d'aujourd'hui ressemble à celui d'hier, que demain sera semblable, l'éducation peut se contenter de maintenir la société dans l'état qu'elle a atteint ou d'accompagner de lentes transformations. Mais lorsque les circonstances changent en profondeur, l'éducation se doit de préparer une société nouvelle. Il ne lui suffit plus d'accompagner, elle doit innover. Le système éducatif ne joue alors son rôle qu'en étant proprement révolutionnaire.

Malgré le manque de recul, nous pouvons admettre que nous sommes actuellement dans une phase du second cas. Le changement de siècle et de millénaire n'y est pour rien, puisque ce n'est qu'une apparence liée à notre façon de compter les années. Ce qui est fondamental, c'est le changement brutal de notre regard sur le monde et sur nous-mêmes. Je l'ai évoqué en commençant ces rencontres et j'y reviendrai. En un siècle, la science a totalement bouleversé les explications que nous pouvons donner des phénomènes observés dans le cosmos. Ces bouleversements de concepts ont débouché sur des pouvoirs nouveaux dont nous ne savons pas si nous devons nous donner à nous-mêmes le droit de les exercer. Certaines certitudes parmi les plus ancrées de notre représentation du monde se sont évanouies. Notre lucidité en a été améliorée, mais il nous faut rebâtir, dans un nouveau paysage, notre demeure humaine.

Et cette construction ne peut être réalisée que par la structure qui a en charge l'homme de demain, le système éducatif. Les acteurs de ce système ne sont pas seulement les enseignants ; les enseignés, ceux qui constituent la « jeunesse actuelle », y participent tout autant. Certes, en ces temps de transformation, le passage du témoin est difficile. Il ne peut aboutir qu'en faisant confiance à ceux qui, qu'ils le veuillent ou non, prendront le relais.

Les dons et la douance

COMMENT, dans ces rencontres consacrées à l'éducation, ne pas parler d'un concept qui pollue toutes les réflexions dans ce domaine, celui de don. La question est constamment posée : cet enfant est-il doué ? Les parents s'interrogent avec angoisse, les éducateurs leur donnent parfois des réponses qui ne les rassurent guère.

Nos amis québécois ont même forgé un mot très joli à entendre, mais dont l'usage est bien souvent pervers, la « douance ». La douance caractérise la capacité de l'enfant à faire des études : un tel « a » beaucoup de douance, tel autre en « a » peu.

Le danger de ce mot est révélé par l'emploi du verbe « avoir », qui assimile la capacité à étudier à un cadeau du ciel ou de la nature, plus ou moins généreusement accordé. Comme si cette capacité était une donnée vérifiée dont il fallait tenir compte en s'en accommodant, à la façon dont on constate qu'un enfant « a » des cheveux blonds ou roux.

Mettre en question l'usage de ce mot, et surtout ce concept de don, ne signifie pas que l'on admet l'identité de tous les enfants face aux efforts nécessaires pour construire leur intelligence. Ce serait faire preuve d'une idéologie égalitariste bornée. À l'évidence, cette égalité n'est pas réelle. Il suffit de se souvenir de la richesse de l'outil qui est le support de l'intelligence, le système nerveux central. Il est le résultat d'un processus si complexe, mettant en jeu des mécanismes enchevêtrant tant de causes, que les aboutissements sont nécessairement différents. La nature est certes égalitariste lorsqu'elle donne à chacun deux mains dotées de cinq doigts, mais elle ne peut calculer exactement le nombre des neurones, encore moins le nombre des synapses. Le processus de leur mise en place ne peut être qu'aléatoire. Dès la naissance, les cerveaux sont donc différents et ces différences s'accentuent à chaque seconde qui passe et qui s'accompagne de la réalisation de plus d'un million de connexions.

L'égalité naturelle n'est évidemment pas soutenable, mais l'erreur logique fondamentale est de plaquer une hiérarchie sur cette différence, en classant les individus au long d'une échelle de référence, les plus et les moins. Car cette échelle nécessite d'unidimensionnaliser la caractéristique prise en compte. Voilà un mot bien compliqué, qui signifie simplement que l'établissement d'une hiérarchie ne peut être réalisé que si l'on attache aux objets comparés un nombre unique. Lorsque ces objets sont des enfants, dont on compare les capacités intellectuelles, il est clair que la réalité recèle d'innombrables différences de toute nature. Les ramener à un seul nombre est donc une trahison.

Ce désir de transformer le constat d'une non-égalité en une hiérarchie est, hélas, permanent. Puisque ces deux enfants sont différents, lequel est supérieur à l'autre ? Il est important de comprendre qu'à cette question il faut ne pas répondre. Non par désir de camoufler la réponse, mais pour signifier que toute réponse orienterait vers des non-sens.

L'inné et l'acquis

L'USAGE d'un mot apparemment anodin, le « don », peut, lorsqu'il concerne l'activité intellectuelle, conduire à des non-sens. Ce danger est mis en évidence par l'emploi d'un terme qui en est dérivé, « surdoué ». Ce véritable piège du vocabulaire n'est qu'un cas particulier du problème si souvent évoqué de l'inné et de l'acquis. Il s'agit de déterminer la part, dans la manifestation d'une performance quelconque, de ce que nous avons reçu de la nature, l'inné, et de ce que nous a apporté notre aventure vécue, l'acquis.

La question semble pertinente mais, telle que je viens de la formuler, la recherche d'une réponse est déjà orientée dans une mauvaise direction. J'ai en effet parlé de « parts », ce qui fait surgir dans notre esprit l'équivalent d'un gâteau que l'on partage. Évoquer des parts revient à admettre que les deux séries de facteurs qui interviennent ajoutent leurs actions, comme si les effets de l'aventure vécue venaient s'ajouter aux effets des dons initiaux. Or ce modèle additif est très loin de correspondre à la réalité : ces facteurs ne s'additionnent pas, ils interagissent. Tel apport de l'environnement peut être favorable ou défavorable selon la dotation initiale de l'individu.

Pour comprendre la stupidité de cette décomposition en parts de l'inné et de l'acquis, une métaphore est utile, celle du langage, qui met en œuvre deux séries de causes, le vocabulaire et les règles de grammaire. Si je dis « le chat a mangé la souris », chacun me comprend car les mots « chat », « souris » et « mange » sont sans ambiguïté, de même que la règle de grammaire prescrivant de mettre le sujet avant le verbe et le complément d'objet après. Dans la transmission de cette information, quels sont les facteurs les plus importants, le vocabulaire ou la grammaire ? Il est clair que la question est absurde : la règle sans les mots est muette, les mots sans la règle sont sans portée. Il ne faut donc pas répondre ou, plutôt, il faut ne pas répondre.

Pourtant, de façon récurrente, nous apprenons par la presse que telle équipe de chercheurs d'une université lointaine a démontré que l'intelligence est à 80 % innée ou que le comportement homosexuel l'est à 90 %. La difficulté d'argumenter face à de telles affirmations vient de ce que ces nombres ne sont pas même faux : ils ne mesurent rien. Si vous me dites que la Terre est à 100 000 kilomètres du

Soleil, je vous répondrai que ce nombre me paraît inexact. Nous irons consulter une encyclopédie et nous nous mettrons d'accord sur la distance réelle, 150 millions de kilomètres. Mais si vous me dites que la Terre est à un million de tonnes du Soleil, je pourrai vous dire que je ne suis pas d'accord, mais je n'aurai pas un nombre différent à proposer. Je serai face non à une erreur mais à un non-sens.

Nous avons tous eu l'occasion de le constater, il est malheureusement plus difficile de lutter contre un non-sens que contre une erreur.

Structure cérébrale et langue maternelle

LA CONSTRUCTION DE L'INTELLIGENCE est conditionnée par les caractéristiques de l'outil qu'est notre cerveau, dont le fonctionnement reste bien mystérieux. Je vais évoquer le résultat d'une recherche peu connue.

L'un des domaines les plus étudiés des recherches sur la structure du cerveau est la localisation dans l'hémisphère gauche des fonctions liées au langage. La parole, les processus de pensée logique sont essentiellement traités par cet hémisphère, tandis que l'hémisphère droit est chargé des fonctions non-verbales. Cette structure, cette répartition des tâches, est constatée chez tous les êtres humains, elle est donc liée à la nature même de notre espèce. Mais cette différenciation globale des deux hémisphères concerne-t-elle des fonctions spécifiques comme, par exemple, le traitement des sons en fonction de leur nature ?

Un chercheur japonais, Tanadobu Tsunoda, a mis au point un dispositif permettant de constater si un son bien défini est traité par tel ou tel hémisphère. Il demande pour cela à un sujet de taper sur une touche à un rythme constant. Puis il envoie, dans chacune des oreilles de son sujet, un même son, mais en décalant d'un quart de seconde celui de l'oreille gauche. Il demande au patient de ne tenir compte que du son reçu dans l'oreille droite et de continuer de taper, toujours au même rythme. Enfin, il augmente le volume du son. Vient un moment où le patient ne parvient plus à ne pas tenir compte du son perturbant et perd le rythme. Il est ainsi possible de constater que le son a été traité par tel hémisphère.

Selon le résultat obtenu au Japon, les sons correspondant au langage humain, voyelles ou consonnes, sont traités par l'hémisphère gauche, tandis que les sons mécaniques sont, au contraire, traités par l'hémisphère droit. Mais, un jour, un Français qui visitait le laboratoire de Tanadobu Tsunoda a accepté de se prêter à l'exercice. La répartition des hémisphères était inversée. Le chercheur a alors systématiquement fait passer son test à des non-Japonais ; tous avaient la même structure que le Français. Pour ce trait, tous les humains, qu'ils soient occidentaux, chinois ou africains, sont semblables, à la seule exception des Japonais et des Polynésiens.

La première hypothèse a été d'attribuer cette différence au patrimoine génétique : une mutation serait spécifique aux Japonais. Mais l'examen d'enfants japonais élevés aux États-Unis et d'enfants occidentaux élevés au Japon a montré que leur structure cérébrale était celle de leur milieu d'accueil. Les gènes n'y sont pour rien. Cette structuration est donc le fruit des sons entendus dès la naissance. La principale différence entre les enfants japonais et les enfants occidentaux est la langue parlée par leur mère. Or la langue japonaise est particulièrement riche en voyelles : la plupart des mots ont une structure voyelle-consonne-voyelle, tandis que dans les langues occidentales la structure consonne-voyelle-consonne prédomine.

Les mamans japonaises disent « areu areu » autrement que les mamans françaises, ce qui amène le bébé à organiser autrement le fonctionnement de son cerveau. Le façonnage par l'éducation commence dès la naissance. Et le patrimoine génétique n'intervient pas. Décidément, dans ce domaine non plus, l'avenir n'est pas écrit.

Une société sans école

LE PHILOSOPHE Ivan Illich s'est voulu provocateur en publiant, en 1971, un livre sur le système éducatif sous le titre *Une société sans école*. Il voulait montrer à quel point l'école, telle qu'elle fonctionne dans nos sociétés occidentales, est devenue un facteur d'inégalité alors que son objectif proclamé est l'égalité des chances.

Ce qui est en cause, c'est le droit pour chacun d'accéder aux outils lui permettant de réaliser la personne qu'il choisit de devenir. Ce droit est semblable à celui d'accéder aux soins lorsque l'on est malade. N'oublions pas la phrase de Winston Churchill, en préface au plan Beveridge de rénovation de la société britannique : « Le besoin de soins doit générer le droit aux soins. » De la même façon, le besoin de savoir, de comprendre, doit générer le droit à l'accès au savoir, à la compréhension.

La culture et l'intelligence sont des biens aussi

fragiles, aussi menacés en permanence que la santé. Pourrait-on imaginer une société qui, pour améliorer le niveau sanitaire moyen, offrirait à tous les jeunes un séjour de quelques années à l'hôpital, après quoi ils seraient censés profiter le reste de leur vie du capital de santé ainsi thésaurisé ? C'est tout au long du parcours de notre vie que notre organisme a besoin d'aide.

De même, c'est tout au long du parcours que notre intelligence doit bénéficier du système éducatif. Certes, les deux domaines, santé et éducation, ont des contraintes différentes. Il est normal que l'éducation profite de la malléabilité intellectuelle de la jeunesse et intervienne avec plus de puissance durant cette période. Mais sa tâche n'est jamais achevée. Il s'agit de nous construire nous-mêmes en faisant suivre notre naissance, aboutissement d'un processus aléatoire et subi, d'une co-naissance voulue et orientée par chacun. Les besoins sont sans limites lorsque nous désirons apprendre, comprendre, affiner des questions, comparer des réponses. À ces besoins, notre société ne fait face durant la jeunesse que partiellement, et durant la vie dite active qu'en les caricaturant. Ainsi le tourisme, qui pourrait satisfaire le besoin de connaître d'autres cultures, n'aboutit souvent qu'à enfermer le visiteur dans les œillères de ses préjugés.

La rupture nécessaire concerne la société tout entière, qui doit devenir un vaste système éducatif. La revendication du loisir, la diminution de la durée du travail répondent avant tout à la recherche d'une possibilité d'activité délibérée, choisie.

Les progrès techniques dont nous bénéficions doivent nous permettre de réaliser non pas une société sans école, mais une société où tout sera école.

Les années sabbatiques

DANS les universités américaines, les professeurs bénéficient d'une tradition particulièrement agréable : les années sabbatiques. Comme dans la religion juive, qui prescrit d'interrompre le travail un jour par semaine, le jour du sabbat, les professeurs d'université ont la possibilité, tous les six ou sept ans, d'être totalement déchargés de leurs fonctions habituelles ; ils n'ont plus, durant une année, de cours à assurer, de laboratoire à diriger, de réunion à organiser. Ils peuvent librement profiter de ce congé pour lire des livres jusque-là laissés sur une étagère, entreprendre d'autres réflexions, explorer un nouveau domaine de recherche ou, s'ils préfèrent, aller bronzer sur une plage des Seychelles. L'expérience prouve que ce n'est nullement du temps perdu mais une période de ressourcement qui leur donne plus de tonus au retour.

Ce qui est vrai pour ces chers professeurs pourrait l'être pour chacun d'entre nous. Si nous admettons que la construction de l'intelligence est l'œuvre d'une vie entière, il faut donner à tous les citoyens le moyen de retrouver de l'énergie et surtout la possibilité d'entamer une bifurcation.

Il se trouve que les progrès techniques, et notamment l'informatique, permettent d'obtenir le même résultat qu'autrefois avec beaucoup moins de travail. C'est là une victoire humaine qu'il faut regarder comme un bienfait et non comme une source de chômage. La réduction de la durée du travail à quarante heures, puis à trente-cinq heures, va dans la bonne direction, mais d'autres modalités sont possibles. Pourquoi pas sous la forme de longues périodes où chacun aurait la possibilité d'entreprendre un projet à long terme ? Imaginez qu'à la fin de la trentaine vous puissiez jouir de deux ou trois années payées comme un congé et vous permettant de réorienter votre activité, d'entreprendre de nouvelles études. Cette période de remise en train ne représenterait qu'un dixième de la durée totale de la vie dite « active », elle ne serait donc guère plus lourde pour l'économie que l'actuel chômage.

Si j'étais homme politique, je mettrais ce projet à mon programme. Peut-être seriez-vous prêts à voter pour moi ?

L'éducation mondialisée

J'AI ÉVOQUÉ la merveilleuse utopie d'une organisation de la vie collective telle que toute communauté, quelle que soit sa fonction dans la société, se considère comme ayant aussi le rôle d'une école : tout est école. Pour des sociétés aussi riches que la nôtre, cette utopie n'est nullement irréalisable. Des premiers pas dans cette direction pourraient tout de même être accomplis, par exemple sous la forme d'attribution à tous les citoyens, et pas seulement aux professeurs d'université comme actuellement, de quelques années sabbatiques tout au long de leur vie active.

Pour les nations pauvres, c'est-à-dire pour l'immense majorité de l'humanité, ce ne peut être qu'un rêve auquel il est préférable de ne pas songer. À moins que la mondialisation en cours soit orientée non plus vers l'organisation d'un système planétaire concernant les activités bancaires, industrielles, commerciales, mais vers un système éducatif planétaire. Essayons, pour être réalistes, d'être lucides.

Avant tout, il faut répondre à la question : qu'est-ce qu'un être humain ? Une réponse raisonnable, conforme à ce que nous apprend la science et qui ne devrait choquer aucune religion pourrait être la suivante : un homme est un individu réalisé par la nature, semblable à tous les êtres vivants, mais qui a le pouvoir de se métamorphoser en une personne consciente, à condition d'être tiré hors de lui-même, d'être éduqué.

Cette fonction d'éducation peut être considérée comme l'impératif premier de toute organisation sociale. Elle doit par conséquent avoir la priorité dans la réalisation d'une organisation de l'ensemble de l'humanité. La tâche de cette dernière est donc de mettre en place un système éducatif prenant en charge tous les petits d'hommes. Bien sûr, la diversité des cultures doit être préservée, mais le coût du système éducatif de chaque nation doit être supporté par toutes. Pourquoi ne pas, pour commencer, faire rémunérer tous les instituteurs par un organisme unique, l'Unesco par exemple, dont c'est explicitement la fonction ?

Utopique, penserez-vous. Mais si, il y a cinquante ans, on avait proposé de faire bénéficier de primes tous les éleveurs européens au frais d'un organisme central alimenté par toutes les nations du continent, personne n'aurait cru ce mécanisme communautaire réalisable. Aujourd'hui, il fonctionne. Ce qui a pu être fait à propos de l'élevage des vaches laitières, pourquoi serait-ce impossible lorsque l'objectif est autrement plus exaltant, l'éducation des petits d'hommes ?

Ce que les banquiers ont déjà réalisé avec l'interconnexion des marchés financiers, ce que les commerçants sont en train de mettre en place avec l'Organisation mondiale du commerce, pourquoi ne pas le tenter le plus vite possible au service de la seule finalité qui vaille : inventer l'homme ?

Définir la science

APRÈS avoir consacré nos rencontres à une réflexion sur le système éducatif, je vous propose de poursuivre notre cheminement en zigzag en parlant un peu de la science. Apportons notre pierre à cet édifice si nécessaire.

Dès le départ, je voudrais distinguer deux mots si souvent accolés que l'on est tenté de les confondre, d'employer l'un alors qu'il s'agit de l'autre : la « science » et la « technique », deux activités humaines pourtant fort différentes.

La science est la plus singulière des deux, car elle est une attitude véritablement propre à l'homme, tandis que la production d'ouvrages nécessitant des techniques parfois très élaborées est aussi bien manifestée par l'oiseau qui construit son nid que par les castors qui édifient un barrage et réalisent un lac artificiel. Seuls les hommes participent à la science, si l'on regarde celle-ci comme une interrogation à propos de la réalité et l'invention de quelques réponses toujours partielles et provisoires.

Le premier homme ayant fait preuve de l'attitude scientifique est sans doute ce ou cette lointain(e) ancêtre – car c'était peut-être une femme – qui, un jour, s'est posé à lui-même une question à laquelle personne ne l'avait préparé. Il a constaté que la boule de feu qui se levait ce matin-là, à l'horizon, ressemblait étrangement à celle qu'il avait vue la veille. D'où la question : « Est-ce la même ? » Ses camarades ont dû se moquer de lui. Pourquoi s'interroger à propos d'un événement qui ne dépend pas de nous ? Il y a une urgence plus grande à préparer la prochaine chasse au bison. Ne perdons pas de temps à ces idées sans objet.

Ce genre de mésaventure en avait sans doute troublé plus d'un avant lui. Mais devant les moqueries ils avaient préféré abandonner leur interrogation et s'occuper de choses sérieuses. Notre ancêtre fondateur de la science, lui, s'est laissé envahir par une succession de questions. Sans doute, comme le bœuf blanc de la fable que nous raconte Marcel Aymé, en a-t-il perdu le goût pour toute autre activité et est-il devenu une charge pour son groupe. Mais il se trouve – ceci s'est passé il y a quelques centaines de milliers d'années – que son attitude a été contagieuse. Nombreux ont été ceux qui ont regardé la boule de feu matinale en s'interrogeant : « Oui, est-ce la même qu'hier ? Reviendra-t-elle demain ? »

De ces questions, nul ne connaissait les réponses ; ceux qui avaient le plus d'imagination les ont alors inventées. Puis ils ont inventé des méthodes pour vérifier que ces réponses étaient plausibles. Peu à peu, ils se sont approprié l'univers en l'expliquant. N'est-ce pas une des bifurcations les plus décisives de l'histoire de notre espèce ?

L'invention des concepts

LA SCIENCE commence par une interrogation, mais le chemin ainsi ouvert ne peut se prolonger qu'en inventant des concepts. Reprenons notre scène imaginaire où celui que nous représentons comme l'inventeur de la science, interrompant sa tâche, pose la question oiseuse : « Est-ce le même objet qui, hier, s'est élevé comme aujourd'hui au-dessus de l'horizon ? » Oiseuse, car totalement inutile. Il faut n'avoir vraiment rien d'important à faire pour perdre son temps à ces fariboles. Mais il s'est trouvé quelques hurluberlus pour s'y intéresser ; ils ont cherché à communiquer à ce propos. Il a donc fallu commencer par nommer la chose source de question ; elle est devenue le soleil.

Que sait-on de cette chose ? Au départ rien, sinon que nous l'appelons « soleil » et qu'elle intervient dans notre vie quotidienne de façon permanente. Elle est moins un objet qu'un concept créé par le mot qui le désigne. Nous pouvons observer ses effets, mais nous ignorons tout des causes de ce qu'il manifeste. Devant cette ignorance, il se trouve que notre espèce est mal à l'aise ; elle cherche à comprendre et n'hésite pas pour cela à ajouter à ce quelle observe des explications qu'elle invente.

L'explication la plus confortable intellectuellement est d'admettre que les phénomènes observés sont le produit d'actes de personnages inconnus, semblables à nous mais plus puissants, les dieux. Certaines cultures ont ainsi admis que le soleil était chaque jour nouveau et qu'un dieu forgeait cette boule de feu durant la nuit pour la lancer, le matin venu, au-dessus de l'horizon. Pourvu qu'il n'interrompe pas son travail ! Pour l'encourager, on peut s'efforcer de lui plaire par des offrandes ou par des sacrifices.

Mais cette explication par l'intervention des dieux peut apparaître comme un véritable court-circuit logique. De la même façon, un enfant est tenté d'expliquer le vent comme le résultat de l'agitation des arbres. Une étape supplémentaire vers l'attitude scientifique est franchie lorsque est introduite, dans l'explication, l'exigence de chaînes causales orientées dans le sens de la flèche du temps. Peu à peu, un modèle de l'univers est construit, admettant que les phénomènes apparents sont le résultat des interactions entre les objets, les uns accessibles à nos sens, les autres définitivement hors de portée. Le chemin est court entre ce que nous montre de lui-même le soleil et les caractéristiques que nous lui attribuons ; il est beaucoup plus long entre l'existence supposée d'un trou noir et ce que nous imaginons de lui. Mais ces chemins sont de même nature : ils substituent à une chose un concept.

Le phlogistique

La mise en place de concepts nouveaux permettant d'expliquer les phénomènes observés n'est réalisée qu'au prix de tâtonnements erratiques, d'essais, d'erreurs, parfois de bouleversements. La science n'est donc que rarement sûre d'elle-même. En voici un exemple peu connu.

Le fait qu'une bûche de bois ou qu'un morceau de charbon puisse brûler pose problème. Par quel mécanisme étrange cet objet qui semblait inerte se met-il à produire des flammes et à dégager de la chaleur ? L'explication scientifique proposée au XVIIIe siècle était la présence dans ces corps d'un « principe », qui était élément de leur composition, le phlogistique, terme dérivé d'un mot grec signifiant « inflammable ». La combustion était la manifestation de cette présence. L'explication était d'autant plus convaincante qu'une expérience mettait facilement en évidence l'existence du phlogistique :

pesez une bûche ; faites-la brûler, puis pesez les cendres ; vous constaterez que celles-ci pèsent moins lourd que la bûche initiale. La différence représente le poids du phlogistique – la tentative a été faite, paraît-il, de mesurer le poids d'une âme en pesant un moribond puis son cadavre. Comment refuser une hypothèse qui se prête si bien à des expériences ?

Restait à préciser en quoi consistait ce phlogistique. Mais le scientifique ne pouvait répondre que par des mots. Il s'agissait d'un principe présent dans la nature, de l'un des constituants du monde réel, de l'« être propre du feu », dit *L'Encyclopédie*. Autant d'explications qui ne font que reculer l'interrogation.

Tout cela disparaît lorsque Lavoisier propose une description totalement différente. Elle consiste à refuser les apparences et à ne plus voir dans la combustion un phénomène ne concernant que la bûche, mais une interaction entre celle-ci et l'oxygène de l'air. Sans cet oxygène, la bûche est incapable de brûler. Les flammes ne sont pas produites par la bûche, mais par la rencontre entre le carbone de la bûche et l'oxygène de l'air.

Quant à l'expérience de la pesée des cendres, malgré son caractère technique, objectif, elle ne prouve rien. Si l'on tient compte de la totalité des matières en jeu, celles qui constituent les objets et celles qui constituent les gaz, le poids de l'ensemble est resté constant. Ce qui permet à Lavoisier de proposer un nouveau principe : « Rien ne se perd, rien ne se crée.

La quantité de matière demeure constante. » Ce principe devra, comme nous le verrons, être aménagé lorsque Albert Einstein, un siècle et demi plus tard, interviendra.

« Phlogistique. » Le mot sonnait bien. Les étudiants d'aujourd'hui ne l'entendent plus. Malgré sa tournure scientifique, ce n'était qu'un mot, pas une explication. En progressant, la science laisse derrière elle les cadavres des concepts erronés.

Le concept de vie

LE RECOURS à la théorie du phlogistique puis son oubli montrent que la science progresse en abandonnant des concepts devenus inutiles. Les mots qui désignaient ces concepts devraient alors disparaître, ce qui a été le cas pour le mot « phlogistique », mais bien souvent ils se maintiennent dans le langage courant, ce qui crée un grand risque de confusion et de contresens.

Il se trouve que le XXe siècle, plus précisément la première moitié du XXe siècle, a été particulièrement riche en renouveaux conceptuels. Nous vivons donc une période où de nombreux mots ont des sens différents selon qu'ils sont employés par le spécialiste d'une discipline ou par l'homme de la rue.

Je vous propose de commencer par un mot d'usage courant et qui concerne un domaine central de notre pensée, le mot « vie ». Nous avons compris, dès les débuts de notre prise de connaissance du monde, que les éléments de l'univers peuvent être classés en deux catégories : les objets inanimés et les êtres vivants. Un caillou, une goutte d'eau, une étoile sont des objets inanimés ; une bactérie, une souris, le chimpanzé du zoo, moi-même sommes des êtres vivants. La distinction semble bien tranchée, la frontière bien définie, jusqu'au jour où nous apprenons l'existence de ces choses étranges que sont les virus. Ils participent aux divers mécanismes qui interviennent au sein des êtres vivants. Nous les considérons comme bienfaisants lorsqu'ils aident à lutter contre certaines bactéries, comme malfaisants lorsqu'ils déclenchent des maladies aussi horribles que le sida. Nous leur attribuons donc une attitude semblable à celle des animaux classés comme utiles ou comme nuisibles et, ce faisant, nous les considérons spontanément comme appartenant à l'ensemble des vivants. Mais les biologistes ont été capables de décrire avec une extraordinaire précision la structure de ces virus. Ils ont constaté que ceux-ci ne sont le siège d'aucun métabolisme, qu'ils sont totalement passifs. Les événements auxquels ils participent, par exemple une infection des cellules provoquant le sida, sont générés par les cellules elles-mêmes : elles absorbent le virus et, utilisant leur propre énergie, le multiplient et provoquent l'infection de tout l'organisme. Le virus n'est pas un acteur, il est l'équivalent d'une drogue dont raffolent les cellules pour leur plus grand malheur et le plus grand malheur de l'organisme dont elles font partie. Il n'est donc pas réellement vivant, il n'est qu'un objet inanimé.

La frontière entre objets et êtres n'est donc plus aussi nette et nous amène à chercher à préciser la signification du mot « vie ». La consultation des dictionnaires est révélatrice d'une étrange difficulté. Ainsi la définition du *Robert* : « VIE – Fait de vivre, propriété essentielle des êtres qui évoluent de la naissance à la mort. » Si nous n'avions pas déjà une certaine idée de ce que peut être la vie, cette définition ne nous éclairerait guère. Nous nous trouvons devant une définition circulaire où la vie est le fait de ne pas être encore mort et la mort le fait de ne plus être vivant.

Nous verrons que la science nous permet d'échapper à cette tautologie, mais au prix d'une transformation radicale de notre regard.

La vie redéfinie

NOUS avons vu combien la définition du mot « vie » défiait les dictionnaires. Pour échapper à la tautologie qualifiant un être de vivant par le fait qu'il n'est pas mort, le dictionnaire explore une autre voie en liant la vie aux performances qu'elle permet, c'est-à-dire à l'ensemble des phénomènes – croissance, reproduction, métabolismes, etc. – qui se déroulent avant que cet être meure. Mais la difficulté n'est ainsi que reportée d'un cran. Il reste à comprendre la cause de ces phénomènes. Jusqu'à il y a un demi-siècle, cette cause était inconnue et l'explication de la vie n'était guère plus claire que celle de la combustion à l'époque où l'on se référait au phlogistique. Tout a changé en 1953, il y a donc juste cinquante ans, lorsqu'une découverte de première grandeur a bouleversé la problématique de la vie, à la façon dont

Lavoisier, à la fin du XVIIIe siècle, avait bouleversé la problématique de la combustion.

L'Anglais Crick et l'Américain Watson ont démontré comment la structure d'une molécule, l'ADN – désignons-la par ses initiales, il est inutile de s'encombrer la mémoire de son nom savant bien trop compliqué –, permettait de faire entrer tous les phénomènes rassemblés sous le vocable « vie » dans une série de mécanismes certes complexes mais aux étapes facilement décrites. Le mystère disparaissait ; la vie n'était plus la manifestation d'un « principe vital » indéfinissable, elle était le résultat de cheminements de cause à effet. La tâche des biologistes était de les décrypter, de les décrire, de permettre éventuellement de les modifier en agissant sur les mécanismes en action.

L'ADN, nous y reviendrons lors de prochaines rencontres, a une structure dite « en double hélice » qui permet d'expliquer deux performances aux conséquences décisives. Elle est capable de produire un double d'elle-même et de provoquer la réalisation de substances, les protéines, dont les interactions provoquent les phénomènes caractéristiques des êtres vivants – respiration, digestion, réactions, etc. Ces deux performances font de l'ADN la source de tous les événements qui se produisent en eux.

Or l'ADN, répétons-le, est une molécule, plus complexe certes qu'une molécule d'eau car elle est constituée de nombreux atomes, mais ses propriétés résultent des mêmes lois, des mêmes interactions entre ces atomes. Ceux-ci font leur métier d'atomes, attirant ou repoussant les atomes voisins ; l'ADN fait son métier de molécule. Les phénomènes globaux auxquels il participe ne sont que le résultat de l'enchevêtrement d'interactions élémentaires parfaitement banales. Du coup, les êtres dits vivants ne font pas bande à part. Ils participent à la même danse des atomes que tout ce qui s'agite dans le cosmos. Inutile de créer pour eux une catégorie spécifique. Ils sont, comme tout ce qui les entoure, les produits d'un univers qui, depuis quinze milliards d'années, poursuit sa construction.

Ainsi est retrouvée, par la science, l'intuition de saint François d'Assise, qui parlait de sa « petite sœur l'eau ».

Et nous, là-dedans ?

CES RENCONTRES quotidiennes m'ont amené à évoquer les conséquences pour la vie en société des découvertes scientifiques majeures. Il ne s'agit pas des bouleversements techniques apportés par ces découvertes, bouleversements qui transforment notre quotidien à la façon de l'électricité ou du téléphone, mais des changements de notre regard sur nous-mêmes et sur notre place dans le cosmos. Ces changements-là ont des répercussions beaucoup plus radicales que l'amélioration de notre confort ou de notre façon de travailler.

Tel est le cas pour la compréhension des mécanismes de la vie que nous avons décrits au cours de nos précédentes rencontres. Si l'on poursuit jusqu'à son terme l'explication de ces mécanismes à partir des propriétés de la molécule d'ADN, on réinsère les êtres vivants dans l'ensemble des objets produits par le cosmos. Cette vision unitaire est d'une fascinante mais inquiétante beauté. Fascinante car elle élargit aux dimensions de l'univers notre émerveillement devant les prodiges que réalise le moindre insecte. Inquiétante car, parmi ces êtres vivants, il y a nous, les humains. C'est toute la recherche de notre spécificité qui est à refonder.

Qu'avons-nous de particulier qui nous distingue fondamentalement de ce qui nous entoure ? Pour le biologiste, la réponse doit être cherchée dans le lot d'informations que la nature nous a données et à partir desquelles nous avons été réalisés, c'est-à-dire notre dotation génétique. Au cours des dernières années du XXe siècle, un effort de recherche considérable a été consenti pour préciser cette dotation ; le génome humain est actuellement connu avec précision. Le résultat est plutôt décevant. Compte tenu de la multitude des métabolismes qui se déroulent en nous, il était admis, il y a quelques années, que le nombre des gènes nécessaires pour produire un humain était de l'ordre de cent mille. Maintenant que nous savons à peu près les compter, il nous faut revoir ce nombre à la baisse, une baisse considérable puisque ces gènes sont sans doute moins de quarante mille. De nombreuses espèces sont, de ce point de vue, plus riches que nous.

Il nous faut finalement l'admettre, nous sommes une des branches des primates, eux-mêmes une des branches des mammifères, eux-mêmes... etc. Cet arbre de classement inclut la totalité des éléments contenus dans l'univers. Celui-ci, mû depuis son origine par un élan vers la complexité, n'a nullement pris de précautions spéciales pour nous réaliser. Faisant apparaître sans cesse du nouveau, il a produit notre espèce comme il a produit les bactéries, les dinosaures, les galaxies ou les trous noirs. Décidément, la recherche de nos origines ne peut répondre à notre besoin d'un regard orgueilleux sur nous-mêmes.

Désespérant ? Non, car d'autres voies sont possibles, nous aurons l'occasion de les explorer.

Le temps redéfini

POURSUIVONS notre exploration des mots qui, dans l'esprit des scientifiques, ont fondamentalement changé de sens au cours du XXe siècle. Nous avons analysé le mot « vie ». Parcourons maintenant le mot « temps », au sens du temps qui passe et non du temps qu'il fait, pour les anglophones du *time* et non du *weather*.

Nous imaginons spontanément, à partir de ce mot, l'équivalent d'une toile de fond devant laquelle se déroulent les événements successifs. Cette toile de fond sert de repère, elle nous permet de mesurer les durées ; il suffit pour cela de pointer l'instant où débute un événement, puis l'instant de sa fin, et de calculer leur écart. Cela semble évident mais, dès que l'on analyse cette opération avec plus de précision, on rencontre d'insurmontables difficultés.

Saint Augustin, évêque de Carthage au IVe siècle, a été de ceux qui ont le mieux exprimé cette mésaventure de l'intelligence. Il déclarait : « Le temps, je sais ce que c'est jusqu'au moment où on me demande de le définir, alors je ne peux répondre. Mais je sais que, si rien ne se passait, il n'y aurait pas de temps passé. » Cette dernière phrase suggère un véritable retournement du concept de temps. Il n'est plus un repère permettant de mesurer la durée d'un événement, il est lui-même généré par la succession des événements. C'est cette succession qui crée le temps, celui-ci n'existe pas sans les événements. Cette vision permet de réagir à une boutade classique : « À quoi s'occupait donc le Créateur lorsqu'il n'avait pas encore créé l'univers ? » La réponse, si l'on accepte la définition de saint Augustin, est que la question est sans objet car, avant la Création, l'absence de toute chose ne permettait aucun événement, le temps ne pouvait donc s'écouler. En bonne logique, il n'y a pas eu d'avant ; le concept d'un avant, lorsque l'on évoque la création de l'univers, est autocontradictoire.

De telles réflexions sont le domaine des philosophes et des théologiens plus que celui des scientifiques. Pour échapper à ces difficultés, ces derniers se sont longtemps contentés d'admettre que le temps était « ce que désigne la lettre *t* dans les équations décrivant des processus ». Ceux qui étaient doués pour le bricolage se satisfaisaient de mettre au point des appareillages de plus en plus précis pour le mesurer. Récemment, on est parvenu à une précision telle que l'on peut connaître la quatorzième décimale d'une durée mesurée en secondes. Oui, la quatorzième décimale est connue, mais qu'est-ce qui au juste est mesuré ?

La précision ainsi obtenue revient à décomposer la durée d'un événement en grains si petits que l'on peut en accumuler cent mille milliards à l'intérieur d'une seconde. Mais, si petits soient ces instants successifs, la question lancinante « En quoi consiste ce qui sépare deux de ces grains ? » reste sans réponse.

Tout a été remis en chantier lorsque, en 1905, un article d'Albert Einstein dans une revue de physique a proposé une hypothèse révolutionnaire pour expliquer une observation qui semblait paradoxale : la constance de la vitesse de la lumière.

Relativité restreinte

AU DÉBUT du XXe siècle, les physiciens se sont trouvés face à une observation inexplicable au moyen des raisonnements classiques concernant le mouvement. Jusque-là, ces raisonnements étaient parfaitement vérifiés par l'expérience. Nous avons tous appris que si, dans un train roulant à 100 kilomètres-heure, nous avançons vers la locomotive à 4 kilomètres-heure, notre vitesse par rapport au sol est de 104 kilomètres-heure. C'est une évidence et personne n'est prêt à la remettre en cause. Et pourtant, des observations conduites avec un soin extrême ont montré que cette addition des vitesses n'est pas possible lorsque l'objet mesuré est la lumière : quel que soit le mouvement de l'observateur, les grains de lumière – les photons – se meuvent toujours à la même vitesse, d'ailleurs considérable : 300 000 kilomètres-seconde, soit plus de sept fois le tour de la Terre en une seconde. Pourquoi ce qui est vrai pour tous les objets dont nous mesurons les vitesses ne serait pas vrai pour la lumière ?

De multiples hypothèses ont été envisagées, toutes insatisfaisantes, jusqu'au jour où Albert Einstein, en 1905, proposa une solution radicale : la durée d'un phénomène n'est pas la même pour celui qui est au repos par rapport à ce phénomène et pour celui qui est en mouvement. Si la vitesse de la lumière, dit Einstein, est la même pour tous, c'est que le temps ne se déroule pas pour tous au même rythme. Le temps n'est plus une référence universelle, il est fonction du mouvement.

Allez de Paris à Lyon en prenant le TGV. Vous avez deux façons de mesurer la durée du parcours : en regardant votre montre au départ puis à l'arrivée ou en regardant l'horloge de la gare de Lyon à Paris puis celle de la gare de Perrache à Lyon. Les deux mesures ne sont en réalité pas rigoureusement identiques : celle de la montre est plus courte que celle des horloges. Bien sûr, l'écart est insignifiant, mais il n'est pas nul. En admettant que le train a roulé à 200 kilomètres-heure en moyenne et que votre montre indique une durée de deux heures exactement, la durée indiquée par les horloges, si elles sont capables de la précision requise, est de 2,00000000000002 heures. La quatorzième décimale change. L'écart est si faible que personne ne peut le percevoir. Si élevée soit-elle, la vitesse du TGV est en effet dérisoire face à celle de la lumière. Mais cet écart devient de première grandeur lorsque les objets observés sont des particules telles que celles que nous recevons du cosmos et dont les vitesses sont du même ordre que celle de la lumière. Pour ces particules, la durée d'un événement qui les concerne, par exemple leur parcours dans l'atmosphère terrestre jusqu'à leur désintégration, est beaucoup plus courte que pour nous qui les regardons passer.

Ce n'est pas ici le lieu de démontrer les jolies formules par lesquelles Einstein a précisé le lien entre le temps et l'espace. L'important est l'abandon du concept accepté depuis toujours faisant du temps une entité indépendante. En réalité, le temps n'a pas d'existence autonome. Tous les raisonnements doivent tenir compte d'un ensemble indissociable composé de l'espace et du temps, riche par conséquent de quatre dimensions.

Gamow

L'EFFORT intellectuel nécessaire pour réellement comprendre la signification de la relativité restreinte est si important que des métaphores sont indispensables – notons que l'adjectif « restreinte » doit être ajouté pour distinguer cette théorie de la relativité générale, plus ambitieuse encore, dont nous esquisserons prochainement quelques traits. Une des métaphores les plus pertinentes a été proposée par le physicien George Gamow, l'un des pionniers de la théorie de l'expansion de l'univers. Pour rendre plus concrets les effets de la relativité, il imagine un univers où la vitesse de la lumière est certes importante mais très inférieure aux 300 000 kilomètres-seconde constatés dans le nôtre.

Imaginons que nous sommes les créateurs d'un univers. Nous sommes libres de décider, d'une part, des différentes lois qui régissent les rapports entre les objets et, d'autre part, la valeur des divers paramètres introduits par ces lois. Nous pouvons ainsi choisir l'intensité de la pesanteur, celle des interactions électromagnétiques ou la vitesse de la lumière. Le créateur de l'univers décrit par Gamow a réalisé un univers en tout point semblable au nôtre, à la seule exception de la vitesse de la lumière : celle-ci n'est que de 100 kilomètres-heure, soit dix millions de fois moins que dans notre cosmos. Autrement dit, 100 kilomètres-heure est une vitesse limite qu'aucun mouvement ne peut atteindre. L'application des formules proposées par Einstein y a des effets spectaculaires, notamment sur la durée des événements et par conséquent sur le vieillissement des individus.

Cet effet a été mis en évidence peu après la diffusion de la théorie d'Einstein sous l'appellation de « paradoxe des jumeaux ». Si, dans une paire de jumeaux, l'un reste tranquillement dans la famille tandis que l'autre part pour un long voyage vers une planète lointaine, le voyageur a, à son retour, moins vieilli que son frère. L'anecdote est parfois présentée en évoquant un homme qui sort son chien tandis que son épouse reste à la maison. Le chien court autour de son maître et agite la queue. Au retour, le monsieur a moins vieilli que la dame, le chien moins que le monsieur et le bout de la queue du chien moins que le chien.

Les vitesses en jeu sont cependant si faibles face à celle de la lumière que les écarts sont insignifiants.

Mais dans l'univers imaginé par Gamow, les effets de la nature « relative » du temps vécu par chacun sont spectaculaires. Il imagine une dame venant accueillir à la gare son grand-père commis voyageur. Depuis quelques dizaines d'années, il parcourt le monde tandis qu'elle est restée dans sa ville natale. Lorsqu'ils se retrouvent, le grand-père est plus jeune que sa petite-fille. Le temps qu'il a parcouru est plus court que celui qu'elle a vécu en l'attendant. Il ne s'agit pas d'une différence de sensation mais d'une réalité liée à la structure de l'espace-temps.

Relativité générale

NOUS avons vu qu'avec la relativité restreinte, théorie qui explique des observations apparemment paradoxales, Einstein a bouleversé notre compréhension du temps. Cela se passait en 1905, mais il a fallu plusieurs décennies pour que le concept nouveau d'espace-temps à quatre dimensions soit largement accepté. Or, dix années plus tard, en 1915, Einstein apporta une pierre supplémentaire à la construction d'une nouvelle vision de l'univers. Il s'agissait cette fois d'une formulation nouvelle d'un phénomène bien connu, l'attraction gravitationnelle.

« Tout se passe, avait montré Newton dès le XVIIe siècle, comme si les masses s'attiraient. » La même formule mathématique explique comment la Terre attire les pommes et les fait tomber au sol, et comment le Soleil attire la Terre et la maintient sur une trajectoire elliptique. Tout allait bien dans le monde de la dynamique, sinon que la formule de Newton ne permettait pas d'expliquer complètement le mouvement de la planète Mercure située près du Soleil et que l'on ne savait pas comment s'exerçait cette attraction : en quoi peut bien consister le lien qui se manifeste entre tous les objets dotés d'une masse, qu'ils soient des astres ou des pommes ?

Einstein a résolu ces difficultés en proposant une formulation toute différente. Il n'est plus question d'attraction mais de courbure de l'espace : toute masse courbe l'espace autour d'elle. Par sa présence, le Soleil oblige les planètes qui l'entourent à suivre une trajectoire qui n'est pas une ligne droite mais une ellipse ; la Terre va tout droit devant elle, mais ce « tout droit », dans un espace courbe, la ramène chaque année à son point de départ. Malheureusement, cette théorie ne peut s'exprimer avec des notations mathématiques aussi simples que pour la relativité restreinte et il faut recourir à une notation tensorielle complexe qui avait été mise au point par des mathématiciens italiens peu d'années avant qu'Einstein les utilise. La diffusion de la relativité générale a donc été laborieuse.

Une des conséquences inattendues de cette nouvelle façon d'expliquer le mouvement des corps pesants est que le déroulement du temps lui-même est modifié par la présence des masses. En effet, nous l'avons vu, l'espace et le temps forment un ensemble indissociable. En courbant l'espace autour d'elle, une masse telle que le Soleil courbe aussi le temps pour les événements qui se produisent dans les environs. Nous verrons qu'un des concepts les plus chargés de mystère ne sort pas indemne de ces réflexions. Il ne s'agit de rien de moins que l'éternité.

De la relativité à l'éternité

JE VOUS AI INTRIGUÉS, sans doute, en introduisant, dans un discours concernant une théorie scientifique – la relativité générale –, un mot qui est, le plus souvent, employé par les théologiens, celui d'« éternité ». À vrai dire, le raccourci d'un domaine à l'autre était un peu rapide. De quoi s'agit-il ?

L'équation d'Einstein décrivant la déformation de l'espace-temps à quatre dimensions aux environs d'une masse permet d'expliquer la trajectoire des planètes autour du Soleil. En effet, la masse de cette étoile courbe l'espace environnant de telle façon que le chemin le plus court d'un point à un autre – ce que les géomètres appellent une géodésique –, n'est plus une ligne droite mais une ellipse. Cela concerne les trois dimensions spécifiquement spatiales de l'espace-temps. Mais, simultanément, la dimension spécifiquement temporelle est, elle aussi, modifiée :

aux environs d'une masse, le déroulement du temps est ralenti. Autrement dit, pour vivre plus longtemps, il suffit de s'approcher d'un corps massif. Mais cet effet est extrêmement faible, et même le Soleil n'est pas assez massif, ni surtout assez dense, pour que cet effet soit significatif.

Un astronome allemand, Karl Schwarzschild, a, dès 1916, montré que, si des objets suffisamment denses existaient, ils pourraient tellement ralentir le temps qu'ils donneraient une durée finie à un événement qui, vu de loin, durerait un temps infini. De tels objets hyperdenses, nous le savons maintenant, existent bel et bien, ce sont les « trous noirs ».

Imaginez que vous alliez en fusée aux environs d'un trou noir et que votre moteur tombe en panne. Vous allez irrémédiablement tomber dans ce trou noir et votre aventure finira mal. Avant de subir ce sort, vous pouvez calculer le temps de votre chute. Compte tenu de la distance initiale, vous trouvez, disons, 355 secondes. Lorsque vous arrivez, vous avez une dernière consolation : les équations et les calculs étaient justes, votre chronomètre marque bien 355 secondes, vous disparaissez content. Mais moi qui vous regarde de loin, de si loin que le trou noir n'a pas d'effet sur mon espace-temps, je constate un phénomène étrange : votre chute, au lieu de s'accélérer, ralentit, ralentit, au point que la durée nécessaire pour constater que vous atteignez le trou noir est infinie.

Le même événement, qui dure quelques centaines

de secondes près du trou noir, dure un temps infini, c'est-à-dire une éternité, loin de cette masse.

N'est-ce pas un début de réponse à la boutade de Woody Allen – quelqu'un m'a dit qu'elle était en réalité due à Franz Kafka : « L'éternité, comme cela doit sembler long, surtout vers la fin ! » Si un jour l'éternité vous semble longue, promenez-vous près d'un trou noir, elle durera le temps que vous désirez.

L'expansion de l'univers

POURSUIVONS notre exploration des bouleversements apportés par les découvertes scientifiques du XXe siècle. Le plus inattendu a sans doute été le constat de l'expansion de l'univers.

Depuis toujours, cet univers offre à nos regards un aspect inchangé. Bien sûr, certains astres, les planètes, se déplacent sur la sphère céleste, mais ce déplacement est cyclique, ils reviennent toujours sagement à leur position d'autrefois. Les mythes qui s'efforcent de décrire l'origine de notre cosmos nous présentent la Création comme un événement qui l'a mis en place définitivement, dans l'état voulu par le (ou les) créateur(s). Une phrase de la Bible exprime fort bien cette vision : « Il n'y a jamais rien de nouveau sous le soleil, tout n'est qu'apparence et poursuite du vent. » La Bible insiste d'ailleurs, dans la description de la Genèse, sur la satisfaction du Créateur lorsqu'il contemple chaque soir ses réalisations de la journée. Il les trouve bonnes. Il ne va donc pas être tenté de les modifier.

La difficulté de remettre en cause cette croyance en une stabilité absolue, définitive, de l'état du monde est bien révélée par la mésaventure vécue par Einstein en 1915. Après la relativité restreinte, que j'ai évoquée et qui résout le paradoxe de la constance de la vitesse de la lumière, il venait d'achever la relativité générale, expliquant en une équation le mouvement des planètes autour des étoiles. Il voulut appliquer cette merveilleuse équation à l'ensemble de l'univers. Sa surprise fut grande en constatant qu'elle n'avait pas de solution stable. Elle ne permettait pas d'expliquer le comportement d'un univers gardant définitivement la même structure, la même taille. Il lui fallait choisir entre la constance de l'univers et son équation. Il fit le mauvais choix et modifia son équation. Pour rendre sa formule compatible avec ce qu'il pensait être l'évidence, il ajouta un terme de façon à obtenir une solution stable. Lui qui était si prêt à remettre en cause les idées reçues n'avait pu admettre l'instabilité du cosmos.

Une dizaine d'années plus tard, au cours des années 1920, cette instabilité a été démontrée non au moyen d'équations mais grâce aux observations des astronomes. L'un d'eux, Edwin Hubble, dont le nom a été donné au télescope aujourd'hui en orbite autour de la Terre, s'est passionné pour l'étude des galaxies, ces amas d'étoiles que l'on découvre bien au-delà de celles qui constituent notre propre galaxie, la Voie lactée. Capable de mesurer la vitesse de ces amas, il constata qu'ils s'éloignaient de nous, à une vitesse d'autant plus grande qu'ils étaient plus éloignés. Il fallait l'admettre : loin d'être stable, l'univers est en expansion.

Cette découverte est désormais bien connue. J'aimerais, avant d'en tirer les conséquences, insister sur l'extraordinaire puissance de l'intelligence humaine qui est révélée par cet épisode. Sans le recours au moindre instrument, avec du papier et un crayon, Einstein avait montré – mais il ne put y croire – l'instabilité du cosmos. On voit bien ici les deux voies par lesquelles progresse la découverte : l'observation et la réflexion. N'oublions pas que l'ingrédient le plus efficace, la voie la plus riche de prolongements, est la réflexion.

Le big-bang

LE FIL ROUGE qui relie nos rencontres quotidiennes est une interrogation sur les conséquences, pour notre regard sur nous-mêmes, des récentes découvertes scientifiques. On sait les difficultés rencontrées par Galilée, affrontées avant lui par Giordano Bruno. Pour ce dernier, l'aventure de la connaissance s'est mal terminée puisque les cardinaux du Vatican ont obtenu qu'il soit brûlé à Rome sur un bûcher. Face à eux, les cardinaux ne défendaient pas une vision différente de l'astronomie, les mouvements des astres ne les passionnaient guère ; ils ne se comportaient pas en hommes de science mais en hommes d'Église, d'une Église dont ils veillaient avant tout à maintenir le pouvoir. Pour assurer la cohérence de leur enseignement et préserver ce pouvoir, il fallait que la Terre soit au centre de l'univers, puisque Dieu y avait envoyé son fils. Situer le Soleil au centre de l'univers était donc l'équivalent d'un blasphème.

Pour la science d'aujourd'hui, où donc se situe ce centre ? À qui a-t-elle donné raison ? Aux cardinaux ou à Galilée ? De façon inattendue, la science d'aujourd'hui ne répond pas, ou plutôt elle répond que la question est mal posée : il n'y a pas de centre de l'univers. Celui-ci se dilate en créant l'espace à mesure qu'il l'occupe. La notion de centre n'est pas pertinente. La querelle qui a coûté la vie à Giordano Bruno et assombri la vieillesse de Galilée était sans objet.

Plus décisif encore est le bouleversement que provoque cette expansion sur notre conception de l'origine de cet univers, dont nous sommes l'une des productions. En effet, puisqu'il grandit, il était plus petit hier, avant-hier plus encore, il y a mille ans, etc. On peut ainsi remonter dans le passé jusqu'à la période où le cosmos avait une dimension nulle, il y a quelque quinze milliards d'années, et où il a commencé une évolution qui dure encore. Pour définir cette explosion primordiale, certains opposants à cette théorie ont proposé le terme « big-bang », qui se voulait ironique.

Cette vision d'un événement fondateur, d'une origine, est trompeuse car elle assimile ce big-bang à un événement semblable à tous les autres, avec un « avant » – l'ensemble des faits qui ont précédé – et un « après » – l'ensemble des faits qui suivront. Comme tous les autres, il apparaît alors comme inséré dans la durée, sa survenue ayant pu se produire quelques instants plus tôt ou quelques instants plus tard. Une telle conception est en opposition avec ce qui est évoqué par cette théorie. Certes, le big-bang a un après, nous sommes là pour en témoigner. Mais il ne peut avoir d'avant, car le temps ne peut s'écouler que si les événements se succèdent. Or, tant que le big-bang ne s'est pas produit, une telle succession est impossible.

Nous sommes ainsi acculés à imaginer un pré-univers sans durée, ce qui est hors de portée de notre intelligence.

Du big-bang au Créateur

Nous constations hier que le raisonnement scientifique nous conduit parfois à des situations qui défient notre compréhension. En restant rigoureux, ce raisonnement nous oblige à accepter des concepts apparemment contradictoires. Ainsi le concept d'« avant-big-bang ». Puisque le big-bang a eu lieu il y a quinze milliards d'années, qu'y avait-il il y a seize milliards d'années ? La question va de soi et l'on est tenté de répondre, conformément au bon sens : il n'y avait rien. Mais cette réponse ne peut être cohérente avec la définition même de l'origine. Incohérente non pas à cause du mot « rien » mais à cause du « il n'y avait ». Cette expression fait implicitement l'hypothèse que l'instant que nous situons dans le temps seize milliards d'années avant nous a existé. Or, pour que cet instant existe, il aurait fallu que le temps se déroule, ce qui suppose que des événements se succédaient, hypothèse en contradiction avec la définition du big-bang. Avant le big-bang, il n'y avait pas d'avant ! Comment échapper à cette auto-contradiction ?

Une conséquence inattendue est de faire intervenir dans la réflexion des spécialistes d'un tout autre domaine, la théologie. En effet, la description d'un big-bang dépourvu d'un avant fait de lui non un événement semblable aux autres mais un pseudo-événement incomparable et qui ne peut en particulier être considéré comme une création. Car toute création partage le temps entre la période d'avant et celle d'après. Impossible d'assimiler le big-bang à une création s'il ne comporte pas d'avant.

Mais si l'on abandonne ce concept de création, pourquoi introduire celui de Créateur ? Ce n'est pas ici le lieu d'approfondir cette interrogation, mais comment ne pas faire le rapprochement avec les difficultés rencontrées par Galilée – et celles rencontrées quelques siècles plus tard par Darwin, lorsqu'il évoquera l'origine commune de toutes les espèces vivantes, y compris la nôtre ? En affirmant que la Terre n'était pas le centre de l'univers, il commettait un véritable blasphème aux yeux des cardinaux, pour qui la Terre était le lieu où Dieu avait envoyé son fils. Aujourd'hui, le blasphème a disparu. Non que l'astronomie donne raison à Galilée en mettant le Soleil au centre de l'univers, comme il le croyait, mais elle donne tort aux cardinaux en éliminant la notion même de centre de l'univers.

Le jour viendra peut-être où les théologiens ne seront nullement choqués par la disparition du concept de Créateur. Ils penseront même que cet attribut donné par les hommes à la divinité était bien réducteur. Si l'on admet, avec le biologiste François Jacob, que l'univers est l'aboutissement d'un vaste bricolage, faire de Dieu le Créateur, c'est oser le considérer comme un bricoleur, apparemment pas toujours génial. Ne vaut-Il pas mieux que ce rôle trop humain ?

Du déterminisme à la liberté

Notre réflexion sur la spécificité de notre espèce nous amène à mettre face à face deux notions apparemment opposées : le déterminisme et la liberté.

La première appartient au domaine des sciences, elle correspond à l'interrogation fondamentale sur le lien entre la cause et l'effet. Ce lien est rigoureux si, connaissant les causes, il est possible d'en déduire de façon précise les effets ; l'univers dans lequel cette rigueur est constatée est un univers où règne le déterminisme. À ce sujet, une métaphore évoque la mécanique des roues dentées d'une montre : savoir de quel angle une roue tourne me permet de savoir de quel angle tourne simultanément une autre roue qui lui est liée par le jeu de multiples rouages intermédiaires. Dans la nature, l'exemple physique évident est celui de l'attraction gravitationnelle, qui se manifeste entre les corps ayant une masse. Qu'il s'agisse d'une pomme tombant du pommier ou de la Terre tournant autour du Soleil, tous les mouvements constatés peuvent être expliqués par l'intervention d'une force dont l'intensité peut être calculée en fonction de ces masses et de la distance qui les sépare.

La seconde notion, celle de liberté, est introduite dans un tout autre domaine, celui dont s'occupent les philosophes. Elle est liée à un sentiment que nous éprouvons : nous trouver devant une bifurcation et pouvoir choisir une voie plutôt qu'une autre. Lorsque ce choix nous est imposé par une volonté extérieure, nous estimons avoir perdu l'essentiel de ce qui fait la valeur d'une vie humaine. Mais ce sentiment de liberté est-il seulement une illusion ? Ce que je prends pour ma liberté n'est-il pas le déguisement d'un déterminisme ? Mes choix ne sont-ils pas souterrainement orientés ou même décidés par des forces que j'ignore ? Cette interrogation a longtemps été formulée en faisant référence à des divinités inconnues dotées d'une puissance sans commune mesure avec la nôtre.

Indépendamment de cette intervention éventuelle de divinités, il nous faut bien convenir que cette liberté de choix est limitée par les contraintes que nous impose la nature. En progressant, la science a permis de préciser ces contraintes. L'aboutissement a été, au début du XIXᵉ siècle, le raisonnement du physicien Laplace qui affirmait, avec une rigueur implacable, que tout, dans la nature, est déterminé.

Les événements qui se produiront demain ne peuvent donc qu'être le prolongement nécessaire des événements d'aujourd'hui. Le temps n'est plus alors qu'une variable anecdotique, il ne fait que révéler, en se déroulant, une réalité déjà potentiellement présente dans la réalité d'aujourd'hui. Il n'est plus question de divinités, leur rôle étant réduit à néant. Mais celui des êtres pensants que nous sommes est lui aussi laminé, dans la mesure où nous sommes des éléments de cet univers qui ne connaît aucune fantaisie.

Sans aller jusqu'à cette extrémité, la pensée scientifique a longtemps été tentée par une telle vision. Réfuter ce raisonnement en évoquant le pouvoir d'une puissance divine capable de s'opposer aux rigueurs de la nature, de provoquer des miracles, ne peut être qu'une échappatoire basée sur une foi, non sur un regard lucide sur notre univers. C'est à la science de nous tirer de ce mauvais pas où elle nous a précipités. Nous verrons demain qu'elle en a été capable.

Déterminisme et prévisibilité

POURSUIVONS notre réflexion sur le sentiment que nous éprouvons de disposer d'un domaine de liberté. N'est-il pas qu'une illusion, alors que nous sommes plongés dans un univers mû par des lois que la science découvre peu à peu et traduit au moyen de formules mathématiques ?

Le rôle spécifique des formules exprimant une « loi » de la nature est de nous permettre une prévision des événements à venir, connaissant l'état actuel du monde réel. L'exemple présent à tous les esprits est celui de la formule proposée par Newton pour expliquer le mouvement des planètes et, plus généralement, toutes les interactions entre les objets dotés d'une masse. À partir de cette formule, on peut calculer, si l'on connaît la position de la Terre à l'instant t, sa position à l'instant $t + 1$, que ce 1 représente une seconde, une année ou plusieurs siècles. Puis, connaissant la position à $t + 1$, en déduire celle de l'instant $t + 2$, et ainsi aussi loin qu'on le désire dans l'avenir. C'est la merveille des mathématiques que de pouvoir relier ainsi la position dans l'espace et le déroulement du temps. Dans la formule obtenue, remplacez t par un million et vous obtiendrez la position dans un million d'années.

Ceci n'est vrai que dans la mesure où les hypothèses admises pour établir la formule sont valables. Or, pour simplifier ses calculs, Newton n'avait tenu compte que de l'attraction entre le Soleil et la Terre. Il était bien conscient qu'il faudrait tenir compte, en toute rigueur, des autres attractions, notamment entre la Terre et la Lune et entre la Lune et le Soleil, mais les outils mathématiques dont il disposait ne le lui permettaient pas. Il a laissé aux générations suivantes le soin de faire ces corrections, dont il espérait qu'elles seraient de peu d'importance.

Pour y parvenir, il fallait quelqu'un de toute première force en mathématiques. Il s'est présenté à la fin du XIXe siècle, en la personne d'Henri Poincaré. Celui-ci s'est donc attelé au problème dit « des trois corps », espérant bien trouver une solution à laquelle Newton n'était pas parvenu. La suite de l'aventure a été inattendue. Poincaré n'a pas trouvé la solution cherchée, mais il a obtenu un résultat autrement décisif et lourd de conséquences : il a démontré que cette solution n'existe pas.

Il ne s'agit pas d'une incapacité provisoire à

laquelle quelque progrès en mathématiques pourrait un jour porter remède. Non, plus fondamentalement, aucune formule ne peut donner la position à très long terme de la Terre si l'on tient compte de l'effet de la Lune. Bien sûr, une excellente approximation peut être obtenue pour les prochaines années ou même les dix mille ou cent mille prochaines années. Mais ces solutions approchées sont telles qu'une erreur sur la position initiale entraîne une erreur un peu plus grande sur la position future. Les années passant, cette erreur, si minime soit-elle, est chaque fois multipliée par un coefficient supérieur à 1, de telle façon qu'à la longue elle enlève tout sens à la prévision. Même si le point de départ est remarquablement précis, l'erreur sur la prévision de la position de la Terre dans cent millions d'années est du même ordre de grandeur que la distance qui sépare le Soleil de la Terre. Autrement dit, cette prévision est impossible.

Le problème des « trois corps » tient compte de l'enchevêtrement de plusieurs causes supposées rigoureusement déterministes, les trois attractions gravitationnelles entre eux. C'est cet enchevêtrement qui entraîne l'impossibilité de prévoir. Le déterminisme n'implique donc nullement l'idée que l'avenir est contenu dans le présent. C'est toute l'argumentation de Laplace qui s'effondre et notre espoir de mettre un peu de liberté dans notre parcours qui renaît.

L'entropie

POURSUIVONS notre parcours au cœur des concepts scientifiques qui ont changé de sens ou qui ont été radicalement renouvelés au cours du XXe siècle. L'un d'eux avait profondément influencé notre vision du monde réel et nous faisait porter sur lui un regard plutôt affligé : il s'agit du concept d'entropie.

Ce mot évoque la nécessaire dégradation de l'énergie contenue dans une structure isolée. L'énergie se manifeste en effet sous plusieurs formes : énergie potentielle d'un objet soumis à la gravitation, énergie chimique de produits prêts à réagir entre eux et à dégager de la chaleur, énergie électrique, etc. Ces diverses formes se transforment plus ou moins facilement les unes dans les autres. L'électricité fournit sans problème de la chaleur mais la chaleur ne fournit que difficilement – et surtout avec un mauvais rendement – de l'électricité. On exprime ce constat en disant que la chaleur est une forme dégradée, moins « noble », de l'énergie.

La science reine du XIXe siècle, la thermodynamique, qui étudie les rapports entre la chaleur et la mécanique, était fondée sur deux principes. Le premier, d'ordre quantitatif, affirmait que la quantité totale d'énergie, sous toutes ses formes, d'un ensemble isolé reste constante : rien ne se perd, rien ne se crée. Le second, d'ordre qualitatif, affirmait que la qualité moyenne de cette énergie ne peut que se dégrader. Le temps passant, les transformations qui se produisent au sein de cet ensemble remplacent de l'énergie noble par de l'énergie moins noble. À la limite, il ne subsiste plus que l'énergie de la moindre qualité, la chaleur. En termes savants, on constate que l'entropie, c'est-à-dire le désordre, ne peut qu'augmenter. Le vieillissement d'une structure provoque irrémédiablement son usure, sa désorganisation. De même, la transmission d'une information provoque sa déformation. Toute mise en ordre est perturbée par sa propre dynamique interne.

Le temps est donc regardé comme le grand destructeur. C'est d'ailleurs sous cet aspect qu'il est représenté : un squelette armé d'une faux qui détruit tout autour de lui. L'univers matériel n'est qu'une structure provisoire destinée à devenir un champ de ruines avant de s'évanouir dans une grisaille plus triste que le néant. Chaque processus matériel tend vers la disparition de toute structure, l'effondrement de toute organisation, la rupture de tous les liens. Voilà une vision capable vraiment de nous plonger dans le pire abattement, de nous précipiter dans une succession d'« à quoi bon ». Il faudrait pourtant l'accepter, puisque c'est la science qui nous le dit.

Mais nous le dit-elle vraiment ?

Nous verrons demain que ce regard sur notre univers ne tient pas compte de l'essentiel. Non, le temps n'est pas que destructeur, il est aussi créateur.

De l'entropie à l'élan vers la complexité

JE VOUS AI LAISSÉS hier sur l'impression désolante que nous faisions partie d'un univers voué à une destruction permanente, où, pour parler comme l'homme de la rue que nous sommes tous, « tout fout le camp ». Et cette impression n'est pas le résultat d'un sentiment diffus, elle est l'aboutissement d'un cheminement scientifique, celui des spécialistes de la thermodynamique, qui ont démontré que le désordre s'installe inexorablement, ce qu'ils expriment en annonçant que l'entropie est croissante.

Fort heureusement, un bémol doit être mis à ce constat : en toute rigueur, la croissance de l'entropie n'est obligatoire que dans les structures isolées. Dès que l'objet considéré est en relation avec le monde extérieur, rien n'empêche que son entropie, loin de croître, diminue, qu'au lieu de se désorganiser il tende vers une organisation plus stricte. Or les structures isolées, autour de nous ou en nous, n'existent tout simplement pas. La seule structure que l'on pourrait considérer comme véritablement isolée est l'univers lui-même dans son ensemble, mais cet univers – nous y reviendrons – ne peut être défini autrement que comme l'ensemble de tout ce qui existe, ce qui ne permet pas d'évoquer ses limites ; celles-ci sépareraient ce qui lui appartient de ce qui ne lui appartient pas, or, par définition, tout lui appartient.

Toutes les structures auxquelles nous nous intéressons sont des parties de l'univers. Elles ne sont pas isolées, elles sont en contact avec d'innombrables autres objets, elles sont traversées par des flux d'énergie, elles sont soumises, à leurs frontières, à des perturbations ; elles sont ce que le prix Nobel Ilya Prigogine définit comme des « structures dissipatives ».

Cette désignation est, paraît-il, révélatrice d'une association d'idées avec l'expression « un enfant dissipé ». Un tel enfant est capable de se comporter de façon imprévisible : il peut faire des sottises, mais aussi faire preuve d'imagination, de créativité. Une structure dissipative, qui reçoit des impulsions, qui est soumise à des flux d'énergie et d'informations, qui transmet à son entourage ses propres richesses, peut, elle aussi, déjouer les pronostics et profiter des fluctuations qui lui sont imposées pour créer en elle des structures nouvelles, pour gagner en complexité, pour faire apparaître des performances nouvelles.

Ce n'est pas là faire preuve d'un optimisme artificiel, mais d'un réalisme rigoureux. Bien sûr, les physiciens du XIXe siècle ne s'étaient nullement trompés en introduisant le concept d'entropie et en évoquant sa nécessaire croissance. Mais leurs affirmations n'étaient valables que sous réserve de certaines hypothèses, essentiellement l'isolement de l'objet étudié. L'erreur a été commise non par les physiciens mais par les commentateurs, qui ont transposé sans précaution leurs conclusions. Nous verrons d'autres exemples d'utilisation erronée de concepts scientifiques transposés dans des domaines différents, notamment pour expliquer les réalités sociales.

Élan créateur

Nous avons vu comment, au nom du réalisme, il fallait interpréter les découvertes de la thermodynamique tout autrement que nous le faisons le plus souvent. La durée, que nous avons appris à considérer comme nécessairement destructrice, doit être vue comme apportant des possibilités de novations, de créations. Elle ne ferme pas les horizons, elle les ouvre. Le temps est le grand créateur.

C'est là un retournement de notre regard sur l'univers. Celui-ci est mû par un élan qui fait apparaître en permanence des nouveautés. Il suffit, pour s'en assurer, de comparer l'état dans lequel il était il y a quelque quatorze ou quinze milliards d'années et son état d'aujourd'hui. Peu de temps après l'événement originel que l'on appelle le big-bang, notre univers était sans grand intérêt puisqu'il était homogène, partout identique à lui-même. Il n'y avait guère de grumeaux dans la purée initiale constituée de particules élémentaires toutes identiques. Puis, peu à peu, des grumeaux sont apparus, toujours plus riches d'éléments, réalisant des ensembles toujours plus complexes, prêts à participer à de nouvelles rencontres et à mettre en place des structures inédites. Quinze milliards d'années plus tard, ce jeu de construction se poursuit et il existe au moins un coin de cet univers où les événements se sont accélérés.

Ce tout petit lambeau du cosmos – notre planète –, perdu dans la banlieue d'une des innombrables galaxies, a bénéficié de coïncidences qui ont permis au processus de complexification de se dérouler plus rapidement. La distance de la Terre à son étoile, le Soleil, est telle que l'eau s'y trouve aussi bien sous forme liquide que sous forme gazeuse ou solide. Plus près, comme sur Vénus par exemple, la température est trop élevée, et plus loin, comme sur Mars, elle est trop basse. De même, la masse de notre planète a été suffisante pour que les gaz projetés dans l'espace lors de son refroidissement soient retenus par les forces de gravitation et constituent une couche protectrice, l'atmosphère. À l'abri dans les océans, des objets de plus en plus riches d'éléments ont pu se développer, dotés parfois, par chance, de performances nouvelles.

L'histoire de la Terre est ainsi à l'opposé de ce qu'annonce la thermodynamique. Il n'y a là aucun paradoxe, aucune contradiction. La Terre n'est pas isolée, elle n'est donc nullement soumise à la loi de l'entropie croissante. De même, parmi les objets complexes ainsi apparus, certains manifestent des performances telles qu'ils sont déclarés vivants. Ce pied de nez à la loi de l'entropie est souvent présenté comme une espèce de miracle ; il n'est que la conséquence du fait que ces objets sont plongés dans un environnement avec lequel ils interagissent. La question que l'on peut valablement poser est : pourquoi ce concept d'entropie, ce regard désespéré sur le temps qui passe, a-t-il autant marqué nos esprits ?

Histoire de l'homme

INSISTONS sur l'extrême petitesse de l'histoire de l'homme face à celle du cosmos. Il nous est toujours difficile de prendre conscience de la réalité des écarts entre les ordres de grandeur. Passer du millimètre au mètre est immédiatement compréhensible pour notre esprit car ces longueurs font partie de notre expérience quotidienne. Mais passer des quelques millions d'années écoulées depuis l'apparition de l'*Homo sapiens* aux quelques milliards d'années qui nous séparent de la création de la Terre est un exercice intellectuel beaucoup plus difficile. Il est pourtant nécessaire si nous voulons avoir un regard vrai sur notre place dans l'univers.

Pascal a su nous le montrer pour ce qui est de l'espace. Il décrivait l'homme en faisant comprendre combien il est infime face aux espaces infinis et combien il est immense face aux êtres microscopiques dont, à l'époque, l'exemple était le minuscule ciron.

Les découvertes des siècles qui ont suivi n'ont fait qu'éloigner les repères. Les galaxies dont nous mesurons les distances et les vitesses aujourd'hui sont fabuleusement plus éloignées de nous que les étoiles que connaissait Pascal. Les particules élémentaires que génèrent nos accélérateurs ont des dimensions fabuleusement plus petites que le ciron de Pascal. Non seulement ces repères se sont éloignés, mais nous savons aussi qu'ils sont provisoires et qu'ils nous échapperont à mesure que nous voudrons les préciser.

Pourtant, de façon inattendue, cette évanescence des repères est désormais ressentie dans le temps plus encore que dans l'espace. Les notions de début et de fin sont aussi indéfinissables que celle d'univers. Imaginer le big-bang comme un commencement est contradictoire avec le fait que ce pseudo-événement est à l'origine du temps, il ne peut donc logiquement avoir un « avant ». Quant au *big crunch* final éventuel, il ne peut avoir d'« après » connaissable. Nous sommes acculés à nous contenter d'une vision locale, ne permettant à notre imagination que de s'interroger sur une courte période, un peu comme le géographe qui représente la carte d'une région sur un plan alors que la réalité de la surface décrite est une portion de sphère.

Une des métaphores possibles pour comprendre la finitude de l'histoire de l'aventure humaine est d'imaginer un extraterrestre commençant la lecture d'un livre de trois cents pages lors de la naissance de la Terre et poursuivant sa lecture à un rythme tel qu'il arrive aujourd'hui à la fin. Lorsqu'il lisait la première page, il a donc vu des poussières s'agglomérer pour former une planète ; dès la page 60, il a vu apparaître les premières bactéries, mais il lui a fallu attendre la page 180 pour voir les premiers êtres multicellulaires, la page 200 pour les premières cellules à noyau, la page 285 pour les premiers reptiles, la page 288 pour les mammifères et la page 291 pour les oiseaux. Il a alors constaté que les événements se précipitaient. Neuf pages avant la fin apparaissent les primates, mais ce n'est qu'au début du dernier paragraphe de la trois centième et dernière page qu'apparaissent les premiers êtres que l'on peut classer dans la catégorie *Homo*. Ils apprivoisent le feu vers le milieu de la dernière ligne et imaginent de cultiver la terre et d'élever les animaux alors que le lecteur imaginaire atteint le tout dernier caractère. L'histoire des hommes, celle que nous avons apprise dans nos livres d'école, tient toute entière dans cet ultime caractère.

Reste à écrire les lettres, les mots, les phrases, éventuellement les pages suivantes. Le saurons-nous ?

Bifurcation de l'aventure humaine

J'AI CONSACRÉ quelques-unes de ces rencontres à l'éducation, d'autres aux récentes remises en cause des concepts que la science nous propose pour décrire le monde et tenter de comprendre ce qui s'y passe. Ces considérations ont pu paraître bien éloignées des obsessions que, depuis un certain 11 septembre notamment, nous partageons tous. Les habitants de Manhattan d'abord, puis, en cercles vite élargis, les citoyens des États-Unis, les Occidentaux, et finalement tous les terriens, ont éprouvé un sentiment de précarité d'une telle intensité que les certitudes les plus profondément incorporées dans nos esprits ont vacillé. Ce qui était solide, stable, est brutalement devenu fragile. Il a suffi du spectacle de ces deux tours bâties pour résister à l'usure du temps, exemples des défis techniques que les hommes sont capables de relever, et qui, en quelques instants, se sont effondrées, pour que les réflexions de tous se lancent dans de nouvelles directions.

Le traumatisme a été immédiatement ressenti avec une acuité presque insupportable par le peuple des États-Unis, le premier visé. Mais une profonde blessure a progressé souterrainement dans les esprits de tous les peuples. Tous se sont sentis concernés par un bouleversement inattendu. Aujourd'hui, le désarroi est total. Pour certains peuples, la conscience de leur richesse leur fait craindre de devenir la cible des désespérés ; plus ils sont opulents, plus ils excitent la jalousie et peuvent en redouter les conséquences. D'autres, qui n'ont rien à perdre tant leur dénuement est absolu, ont le sentiment d'être suspects aux yeux des puissants du fait même de ce dénuement ; plus ils sont misérables, plus ils se sentent considérés comme un danger par ceux qui ne songent qu'à protéger leur confort de vie. La suspicion nourrit la crainte de l'autre, qui nourrit la haine réciproque. L'absurdité est sans limites. L'état de notre humanité semble proche de celui que décrivait Georges Perec dans son roman *La Disparition* : « On pillait, on violait, on mutilait. Mais il y avait pis : on avilissait, on trahissait, on dissimulait. Nul n'avait plus jamais un air confiant vis-à-vis d'autrui : chacun haïssait son prochain. »

Imaginons quelque extraterrestre lucide découvrant l'état de l'humanité aujourd'hui. Comment pourrait-il expliquer que les plus belles réussites techniques sont parfois utilisées pour massacrer, voire pour rendre possible le suicide collectif de six milliards d'êtres humains ? Il serait certes stupéfait et même révolté devant un tel gâchis.

Nous n'avons pas le recul de cet extraterrestre ; nous pouvons néanmoins essayer de comprendre les erreurs les plus manifestes commises par nos sociétés. C'est à cet effort de lucidité que je vous propose de consacrer nos prochaines rencontres.

Technique et pouvoir

J'AI LONGUEMENT INSISTÉ sur les avancées conceptuelles apportées par la science au cours du XXe siècle. Notre regard sur la réalité du cosmos a été, en moins de cent ans, profondément modifié. Or, bien souvent, une compréhension nouvelle de ce qui se passe autour de nous débouche sur de nouvelles possibilités d'action. La science a une fille, la technique ; cette fille ne réalise malheureusement pas toujours les espoirs que sa mère met en elle. Les drames par lesquels est inauguré ce nouveau siècle viennent, pour nombre d'entre eux, d'une incapacité à rester maître de ces possibilités nouvelles.

Il s'agit là d'un phénomène assez nouveau. Jusqu'à il y a peu, toute possibilité technique était considérée comme bénéfique et les mots « avancées » et « progrès » étaient pratiquement synonymes. Au XVIIe siècle, le philosophe anglais Francis

Bacon avait bien traduit cette vision en affirmant que le but de la connaissance est de réaliser tout ce qui est possible. Le rôle de l'homme est donc de prendre en charge la partie de l'univers sur laquelle il a prise et de la transformer selon ses désirs. La Bible ne dit pas autre chose lorsque, dans le récit de la Genèse, Dieu demande à l'homme de « soumettre » la Terre. Ce regard optimiste était encore porté, au XIXe siècle, sur l'aventure humaine : la machine à vapeur allait fournir l'énergie nécessaire et diminuer la peine des hommes, les vaccins allaient permettre de faire reculer la maladie. Un écrivain comme Jules Verne anticipait la marche vers un monde rendu plus accueillant grâce à la technique.

Au cours du XXe siècle, cette marche s'est accélérée. Les possibilités techniques ont véritablement explosé, nous apportant des moyens d'action presque sans limites, qu'il s'agisse d'explorer le cosmos ou de faire reculer la souffrance. Mais, surtout, cette marche a bifurqué et s'est dirigée vers des horizons menaçants. Ce changement d'objectif a été brutal. Albert Einstein l'a exprimé avec réalisme en apprenant l'explosion de la bombe d'Hiroshima : « Il y a des choses qu'il vaudrait mieux ne pas faire. » Techniquement, quel succès ! Humainement, quelle barbarie !

Par sa découverte de l'équivalence entre la matière et l'énergie – la fameuse formule $E = mc^2$ –, Einstein avait apporté les concepts nécessaires. Il avait été de ceux qui avaient insisté auprès de

Roosevelt pour qu'il lance le projet Manhattan, projet de réalisation de la première bombe atomique. Il était donc en partie responsable de l'événement, qui pouvait être considéré comme une fabuleuse réussite de l'intelligence. Pourtant, il aurait mieux valu ne pas le réaliser. Einstein prenait ainsi une position exactement contraire à celle de Francis Bacon. Un autre père de la bombe, Robert Oppenheimer, a exprimé le même sentiment en affirmant que, ce jour-là, les physiciens avaient connu le péché. La science débouchait sur une interrogation morale. Ce n'était qu'un début.

Le suicide collectif possible

Le constat qu'une avancée technique puisse ne pas correspondre à un progrès pour la société n'est pas tout à fait nouveau. Cette mésaventure s'est parfois présentée par le passé. L'exemple le plus souvent cité est celui de la mise au point, au XIe siècle, d'une arme merveilleusement efficace, l'arbalète. Grâce à un système ingénieux, il est possible de bander l'arc avec une puissance décuplée ; le trait qui tient lieu de flèche part avec une vitesse telle qu'il peut transpercer une cuirasse et tuer à une distance supérieure à cent mètres. C'est par un trait d'arbalète que le roi d'Angleterre, Richard Cœur de Lion, a été mortellement blessé.

Les militaires de l'époque ont sans doute été d'abord satisfaits d'une arme qui leur donnait des moyens d'action bien supérieurs à ceux d'autrefois. Ils ont ensuite pensé que, certainement, leurs ennemis auraient un jour des armes semblables et que le jeu de la guerre deviendrait de moins en moins drôle si l'on y risquait à ce point sa vie. Ils ont rapidement posé le problème sous l'angle de la morale : était-il conforme aux préceptes de la religion d'utiliser des moyens de tuer aussi efficaces ?

La question a été prise au sérieux par l'Église catholique. Elle a répondu, au cours d'un concile tenu au Latran en 1139, qu'il était immoral d'utiliser l'arbalète, du moins lorsque l'on se faisait la guerre entre bons chrétiens. Son usage était en revanche considéré comme licite si l'on se battait contre des non-chrétiens. Il ne s'agit pas ici de se moquer des cardinaux mais de voir, dans leur prise de position, une caractéristique de la société d'alors et de nous poser la question suivante : faisons-nous mieux aujourd'hui ?

Les moyens de destruction ont une efficacité telle que la comparaison entre l'arc et l'arbalète paraît dérisoire, de même que la comparaison entre arquebuse et canon. Il a fallu plus de huit siècles pour passer de l'arbalète, qui tuait les ennemis un par un, au canon, qui pouvait en tuer plusieurs dizaines d'un coup. La transformation des conditions de la guerre était lente. Mais tout vient de s'accélérer : il a suffi de quelques dizaines d'années pour passer, au milieu du XXe siècle, à l'arme nucléaire, capable de tuer plusieurs millions de personnes en quelques minutes. Le changement d'échelle a été si rapide que les responsables politiques et militaires n'en ont pas lucidement mesuré les conséquences. Ils y ont vu un accroissement du nombre des victimes – objectif recherché lorsque ces victimes sont dans le camp d'en face – mais n'ont pas compris que ce « progrès » transformait fondamentalement la problématique des conflits. En effet, la capacité de destruction est devenue telle qu'elle outrepasse ce que la planète peut supporter. Gagner une guerre nucléaire n'a qu'un intérêt dérisoire puisque le vainqueur sera lui-même détruit par les conséquences sur l'atmosphère des coups qu'il a portés à l'autre pour l'anéantir.

Le cheminement inconscient vers l'abîme

Les catastrophes vécues par l'humanité à Hiroshima et Nagasaki méritent qu'on en rappelle les étapes.

Le projet Manhattan, visant à équiper les États-Unis de la bombe nucléaire, est né de la crainte des Alliés de voir l'Allemagne nazie se doter elle-même de cette arme redoutable. C'est en effet à Berlin, en 1939, que les premières expériences montrant cette possibilité ont été réalisées. Le sort de la guerre pouvait en dépendre. En 1942, plusieurs physiciens conscients du danger, dont Albert Einstein, ont alerté le président Roosevelt. Les moyens nécessaires ont été rassemblés et le succès a été obtenu par une première explosion expérimentale dans le désert du Nouveau-Mexique en juillet 1945. L'Allemagne avait capitulé quelques semaines plus tôt.

Les deux bombes disponibles ont alors été utilisées pour mettre fin à la guerre contre le Japon les

6 et 9 août 1945. L'événement a clairement montré que la possession de cette arme donnait un pouvoir décisif : elle permet de l'emporter sur n'importe quel adversaire qui en est dépourvu. Ce constat ne pouvait pas laisser indifférentes les autres nations avides de peser sur le destin de l'humanité. L'Union soviétique a donc fait le nécessaire et sa première bombe a explosé en 1949. Se voyant ainsi rattrapés, alors que la guerre froide risquait fort d'aboutir à une confrontation violente, les États-Unis ont obtenu une nouvelle avancée dans leur capacité de destruction grâce à la bombe à hydrogène, dont la première expérimentation a eu lieu en 1952. Les Soviétiques ont naturellement pris le même chemin et ils ont obtenu le même succès un an plus tard, en 1953. La course s'est poursuivie dans la recherche des moyens les plus efficaces pour détruire l'adversaire, aboutissant à un stock de têtes nucléaires de plus de quinze mille mégatonnes, soit l'équivalent de trois tonnes de TNT pour chacun des habitants de la planète. Ce simple chiffre suffit à mesurer la folie dans laquelle cette course nous a tous entraînés : quelques centaines de grammes de TNT peuvent déjà faire des dégâts décisifs ; nous sommes chacun menacés par trois tonnes.

Bien sûr, le danger était si évident pour tous que des pourparlers ont eu lieu, dès 1958, afin de ralentir cette course à l'abîme ou même de l'inverser. Mais la logique de ces tractations a constamment été sous-tendue par un raisonnement de toujours : ne jamais consentir à être moins fort que l'adversaire. Il a été celui de tous les guerriers ; il était celui des Français lorsqu'ils placardaient sur les murs de Paris, en avril 1940 : « Nous gagnerons parce que nous sommes les plus forts. » Avec cette logique, les progrès vers une situation moins périlleuse ne peuvent être que lents. Et pourtant, ce qui semble évident est devenu faux : ce n'est plus la puissance qui assure la domination.

L'hiver nucléaire

Nous sommes en permanence trompés par des mots qui, la réalité changeant, ne correspondent plus aux données nouvelles. Ainsi en est-il du mot « guerre » lorsque nous évoquons, comme nous l'avons fait hier, le danger d'une guerre nucléaire.

Une guerre est un choc entre des groupes humains. Ils se battent avec courage, avec intelligence. Un jour vient où l'un des camps l'emporte ; il peut fêter sa victoire. Mais peut-il y avoir un vainqueur dans une guerre nucléaire ?

Étrangement, il a fallu attendre 1983, près de quarante années après Hiroshima, pour que des informations soient publiées sur ce que pourrait être une telle guerre. L'Organisation mondiale de la santé (OMS) a étudié un scénario selon lequel les échanges seraient limités à cinq mille mégatonnes ; le nombre des morts immédiats serait de un milliard, et autant de grands blessés, morts en sursis. La désorganisation de tous les systèmes sanitaires serait telle que « le calvaire des survivants serait physiquement et moralement effarant ».

Mais surtout, en octobre 1983, un colloque a réuni à Washington des scientifiques américains et soviétiques qui ont étudié les effets d'un conflit nucléaire sur le climat de la planète. L'un des résultats les plus décisifs est que ces effets seraient dramatiques, mêmes dans le cas d'un échange très limité de l'ordre de cent mégatonnes. Imaginons que mille bombes de chacune cinq ou six fois « seulement » la puissance de celle qui a détruit Hiroshima soient lancées sur autant de villes ou de complexes industriels : la nation attaquée serait définitivement anéantie. Admettons qu'elle ne puisse pas répliquer : l'agresseur pourrait célébrer sa victoire. Mais la fête ne durerait pas longtemps. Les quantités de poussières, de fumées, de suies dans l'atmosphère formeraient un nuage opaque qui se répandrait en quelques semaines sur tout l'hémisphère Nord. La température descendrait à – 20 °C et ne remonterait au-dessus de zéro qu'après de longs mois. Faute d'éclairement par le soleil, la photosynthèse des plantes serait interrompue, détruisant tout l'écosystème. La description des conséquences de cet « hiver nucléaire » ne permet pas d'imaginer que l'humanité survivrait. La seule question est : combien de fois chaque homme serait-il tué par la faim, le froid, le feu, les radiations, etc. ?

Il n'est pas excessif d'affirmer que cette nouvelle donne rend illusoires tous les raisonnements à propos de la force des nations ou de leur sécurité. Les optimistes prétendent que l'humanité a connu d'autres problèmes et qu'elle a toujours survécu. Non, elle n'en a pas « connu d'autres ». Les possibilités actuelles de destruction sont sans précédent. Nous sommes acculés à inventer l'avenir.

La mondialisation subie

En évoquant les conséquences planétaires d'un conflit nucléaire, j'ai introduit dans notre regard sur la réalité d'aujourd'hui une considération qui est le plus souvent oubliée ou occultée, la finitude de notre Terre. Comme bien souvent, c'est un poète qui a, le premier, fait comprendre cette évidence. En 1945, alors que s'achevait une guerre désastreuse, Paul Valéry a constaté : « Le temps du monde fini commence. » Le verbe « commence » montre que l'adjectif « fini » ne concerne pas le temps, la durée, mais l'espace.

Bien sûr, que notre domaine soit limité, chacun le savait depuis que nous avons constaté, en en faisant le tour, que la planète est une sphère. Nous savons même depuis longtemps quel en est le rayon. Nous verrons un jour comment, en utilisant deux puits et un chameau, le Grec Ératosthène a été capable d'évaluer ce rayon avec une bonne approximation [1]. Donc, oui, la surface de la planète est limitée, mais cette évidence géométrique n'était jusqu'à présent guère prise en compte par nos comportements. Chaque jour, nous pouvions agir sans inconvénient, comme si elle était sans limites ; lorsque, par notre imprudence, nous rendions une zone inhospitalière, il nous suffisait d'aller ailleurs. Dans l'histoire des hommes, il y a toujours eu un ailleurs.

Mais ce temps est révolu. Nous n'avons plus d'ailleurs sur notre planète. La facilité avec laquelle nous nous déplaçons, le fait que la transmission des informations et des images soit instantanée, l'influence de nos actes sur le climat ont rétréci l'espace en même temps que notre effectif augmentait. Par suite d'une coïncidence qui n'était nullement nécessaire, les deux événements se sont produits au cours de la même période de l'histoire des hommes.

Durant des millénaires, l'effectif de l'humanité n'a varié que lentement. Le premier milliard d'hommes n'a été dépassé qu'au cours de la première moitié du XIXe siècle ; l'augmentation s'est alors accélérée et nous sommes aujourd'hui plus de six milliards.

De même, durant des millénaires, les moyens de transport n'ont guère accru leur rapidité. Il fallait, avec les diligences, le même temps pour aller de Paris à Marseille au Moyen Âge que sous Napoléon.

1. Voir encadré ci-après.

Tout se passait alors comme si chaque groupe d'hommes était bien peu dépendant des autres groupes. Pour les six milliards d'hommes d'aujourd'hui, avec des satellites qui font le tour de la Terre en une heure et demie, l'interdépendance est au contraire une réalité.

Que nous le voulions ou non, nous sommes dans le même bateau. Cette finitude nous contraint à un destin unitaire. Pour y échapper, certains imaginent qu'une partie de l'humanité pourrait émigrer sur une autre planète. Ce rêve ne paraît pas, à vue d'homme, réalisable. Les planètes du système solaire sont réellement inhospitalières ; quant aux planètes tournant autour d'autres étoiles, on en découvre de nombreuses depuis quelques années, mais elles sont si lointaines que l'envoi d'un explorateur chargé de nous renseigner sur les possibilités d'accueil nécessiterait de nombreux siècles. Il est plus sage, et moins utopique, de chercher à mieux organiser notre façon de vivre ensemble.

Ératosthène, trois siècles avant Jésus-Christ, remarqua que le jour du solstice de juin les rayons du soleil ne laissaient à midi aucune ombre dans les puits situés au sud de l'Égypte, mais que cette ombre subsistait dans les puits situés au nord. Ce non-parallélisme des verticales l'amena à conclure que la Terre n'est pas plate. Un simple calcul lui permit de déterminer le rayon de cette sphère, connaissant la distance entre les puits.
(Cf. Albert Jacquard, *L'Équation du nénuphar*, Calmann-Lévy, 1998, p. 78.)

Conquérir l'espace ou l'explorer

Je peux paraître bien rabat-joie en écartant comme un rêve irréalisable le projet si souvent évoqué de l'émigration de l'humanité vers une autre planète. Ma génération a pourtant été tellement enthousiasmée par quelques réussites fabuleuses qu'elle a été tentée d'extrapoler sans limites les exploits accumulés dans la conquête de l'espace.

Souvenons-nous de l'émotion ressentie sur tous les continents lorsque nous avons appris qu'un spoutnik tournait autour de la Terre. C'était le 4 octobre 1957, il y a quarante-cinq ans. L'objet n'était pas très gros – à peine quatre-vingts kilos –, tout ce qu'il savait faire se résumait à l'émission de bip-bip, mais son voyage autour de la Terre était un exploit inouï : on était passé des quatre-vingts jours du Phileas Fogg de Jules Verne à guère plus de quatre-vingts minutes. Il portait un nom russe, ses constructeurs étaient soviétiques, mais chaque homme aurait pu ressentir, quelle que soit sa nationalité, qu'une victoire humaine venait d'être obtenue : le domaine offert à l'humanité ne se limitait plus à la Terre ; elle pouvait envoyer des objets produits par elle dans des lieux où elle ne pouvait jusqu'alors imaginer intervenir. La phrase de la Bible rapportant l'ordre du Créateur, « Soumettez la Terre », prenait un sens nouveau : pourquoi limiter notre pouvoir à la Terre ? Des rêves de toujours devenaient réalisables. Nous allions dominer de nouveaux espaces.

Rastignac, le personnage de Balzac, contemplait Paris en pensant : « À nous deux ! » Son ambition était grande, mais elle se limitait à la ville étendue à ses pieds. Le rédacteur de la Bible, lui, donnait à l'humanité des dents plus longues, il regardait la planète entière et décidait : « Nous, les hommes, allons la soumettre. » Regardant au-delà de l'horizon, le pouvoir soviétique obtenait de ses ingénieurs de lancer un spoutnik capable de faire le tour de la Terre en une heure et demie. On imagine l'orgueil ressenti par ceux qui se sont donné ces pouvoirs inédits. Ils ont pu s'écrier non plus « Paris, à nous deux ! » ni « La Terre, à nous deux ! », mais « L'espace, à nous deux ! » L'orgueil était plus légitime encore lorsque, peu d'années après, en avril 1961, les mêmes ingénieurs envoyèrent un homme, Youri Gagarine, faire pour la première fois le tour de la planète en guère plus d'une heure.

Tous les hommes auraient dû participer à cet orgueil. L'exploit fabuleux avait été réalisé par des membres de leur espèce. Celle-ci venait de remporter une victoire sur les contraintes de la nature, la satisfaction aurait dû être partagée. La suite de l'histoire montre malheureusement que cette réussite humaine a immédiatement été ressentie comme la manifestation de la supériorité d'un camp sur un autre. Et qu'elle a provoqué une confrontation, alors que la mise en commun des objectifs et des moyens aurait pu permettre des avancées.

Le seul problème a alors été pour chaque camp de l'emporter sur l'autre. Naturellement, c'est le plus riche en chercheurs, en scientifiques, en techniciens, en argent qui l'a emporté en envoyant un homme sur la Lune en juillet 1969. Ce jour-là, il a semblé que, décidément, rien n'était impossible.

Les limites de la conquête

APRÈS les exploits réalisés, d'abord par les Soviétiques, puis par les Américains, il a semblé que l'intelligence humaine allait trouver des solutions à tous les problèmes. Pour beaucoup de nos contemporains, l'envoi du Russe Gagarine autour de la Terre et surtout l'envoi de plusieurs équipes américaines sur la Lune n'étaient que le prélude à la conquête de domaines nouveaux où l'humanité pourrait s'installer, ce qui lui permettrait d'échapper à l'impasse d'une planète trop exiguë. De nombreux scientifiques de premier plan partagent encore aujourd'hui cette confiance. Les hommes réalisent des exploits qui paraissaient, il n'y a pas si longtemps, hors de portée. Pourquoi ne continueraient-ils pas ? Faisons confiance à leur capacité d'invention. Cette confiance sans limites leur fait regarder comme des pessimistes à courte vue ceux qui tirent la sonnette d'alarme à propos, par exemple, de la dégradation du climat ou de l'épuisement des ressources naturelles.

Quitte à décevoir les amateurs de science-fiction, qui traversent aisément la frontière entre ce qui est imaginé et ce qui est possible, je me range dans le camp des sceptiques. Certes, d'autres planètes semblables à la nôtre, où l'humanité pourrait trouver les conditions de son expansion, existent très probablement. Dans notre galaxie, la Voie lactée, le nombre des étoiles dépasse cent milliards. Même si la proportion de celles qui sont entourées de planètes est faible, et la proportion parmi ces planètes de celles jouissant des mêmes coïncidences que la Terre plus faible encore, le nombre des planètes accueillantes n'est sans doute pas nul. Mais sont-elles physiquement accessibles ?

Nous nous heurtons là à l'une des caractéristiques fondamentales de l'univers, la vitesse de la lumière et, plus généralement, celle des ondes électromagnétiques. Cette caractéristique fait partie des données qui ont modelé notre univers depuis son origine. Cette vitesse est certes très élevée – 300 000 kilomètres-seconde – mais, dans les espaces qui séparent les étoiles, elle est une limitation non négligeable. À cette vitesse, le parcours entre la Terre et le Soleil dure déjà près de huit minutes. Nous voyons le Soleil là où il était il y a huit minutes et, pourtant, cette distance est minuscule en comparaison de celles qui nous séparent des autres étoiles. Il faudrait quatre années pour atteindre l'étoile la plus proche de nous, Proxima du Centaure ; pour certaines étoiles de notre galaxie, il faudrait cent mille ans ; et pour les autres galaxies, plusieurs millions ou même plusieurs milliards d'années seraient nécessaires. Oui, le trajet jusqu'à l'étoile la plus proche dure quatre années. Aucune information ne peut être transmise à une vitesse plus élevée et, à plus forte raison, aucun objet ne peut atteindre une vitesse s'approchant de cette limite. Les planètes autres que celles qui gravitent autour du Soleil sont donc définitivement inaccessibles. La durée d'une vie d'homme ne suffirait pas à les atteindre : même en obtenant la vitesse fabuleuse de 30 000 kilomètres-heure, il faudrait plus de cent ans pour faire l'aller-retour à Proxima du Centaure. Nous pourrons certes envoyer des hommes sur les planètes solaires, elles sont si proches, mais nous les connaissons assez pour comprendre que nous ne pourrons pas nous y installer. Il nous faut, je crois, accepter définitivement notre qualité de terrien. Est-ce si triste ?

Finitude de la planète

Si l'on admet que l'installation de l'humanité sur une autre planète est un rêve irréalisable, du moins à vue d'homme, il nous faut en conclure que tous nos projets doivent tenir compte des limites imposées par la finitude de la Terre. Nous l'avons exprimé en constatant que les hommes d'aujourd'hui doivent se résoudre à ne plus disposer d'un ailleurs. Pendant longtemps, se réfugier « ailleurs » a été la solution miracle permettant de résoudre une situation sans issue. Les grands constructeurs d'empire, les grands conquérants étaient constamment à la recherche d'un ailleurs. Les aventures coloniales des siècles récents en ont été l'illustration. La France, la Grande-Bretagne, l'Allemagne se sentaient à l'étroit dans leurs frontières et cherchaient au loin un « espace vital ».

Cette recherche a souvent été provoquée par l'accroissement de l'effectif des populations. Peu à peu, notre espèce s'est répandue sur tous les continents. Mais, au cours de la plus grande partie de l'histoire de notre espèce, cet accroissement a été très lent, ce qui explique que la prise de possession de la Terre n'ait atteint son terme que récemment. Il y a deux mille ans, à l'époque de Jésus-Christ, il n'y avait que 250 millions d'hommes sur la planète. Mille ans plus tard, cet effectif global ne dépassait pas 300 millions. L'expansion rapide aboutissant à la situation actuelle n'a guère commencé qu'au début du XIXe siècle. Aujourd'hui, la planète n'est pas encore saturée d'hommes mais une limite se profile tandis que la connaissance de toutes ses caractéristiques physiques est presque achevée.

Il y a un siècle, Jules Verne pouvait imaginer que des explorateurs du pôle Sud découvraient un volcan dont le cratère était exactement situé sur l'axe de rotation de la planète. Edgar Poe pouvait nous emmener dans des contrées extravagantes, parcourues par Arthur Gordon Pym. Aujourd'hui, une photo envoyée par un satellite réduirait ces hypothèses à néant. Non seulement nous sommes prisonniers de la Terre, mais nous en avons méticuleusement décrit les moindres détails. Comment se satisfaire de cet enfermement dans un monde définitivement connu ?

Une première attitude consiste à regarder au-delà des limites de notre domaine, tout en sachant que nous ne sortirons pas de ce poste d'observation. Il ne s'agit plus de conquérir l'espace qui nous entoure mais de l'explorer, ce qui peut être tout aussi satisfaisant et, pourquoi pas, exaltant. N'est-ce pas une merveilleuse aventure que de découvrir dans l'univers des objets dont aucun être autre qu'humain ne soupçonnera jamais l'existence ! Par notre intelligence, nous avons découvert, à grands coups d'équations, que des trous noirs pouvaient exister. Par notre ingéniosité, nous avons pu débusquer la présence de certains de ces objets ici ou là dans le cosmos. Nous nous les approprions autant en les situant dans les galaxies qu'en allant y planter nos drapeaux. La compréhension du monde extérieur peut être davantage qu'une consolation à notre enfermement : un programme qui peut emplir toute la durée de vie de notre espèce.

Mais, surtout, même si un jour nous savons tout de notre prison terrestre, elle compte un objet dont nous n'achèverons jamais la connaissance : nous.

Les « bords » de la planète

ESSAYONS d'explorer les conséquences, dans de nombreux domaines, de ce fait récent : l'humanité vient de rencontrer les frontières de l'espace qu'elle occupe. Tous les raisonnements que nous développons pour organiser la vie en commun des individus, des groupes, des nations, doivent être revus et corrigés pour tirer les conséquences de cette lucidité nouvelle. Il en est ainsi de la logique de l'économie dite « libérale ».

Cette logique a été clairement exprimée, à la fin du XVIIIe siècle, par des théoriciens, tel Adam Smith, qui voulaient comprendre comment était fixé le prix des différents biens. Pourquoi un litre de lait est-il plus cher qu'un kilo de farine ? La réponse s'obtient en regardant ce qui se passe sur le marché où viennent se retrouver ceux qui vendent et ceux qui achètent. Tous sont mus par le même sentiment : l'égoïsme. Les vendeurs veulent vendre le plus cher possible, les acheteurs veulent acheter le moins cher possible. Mais, peu à peu, les exigences de chacun s'atténuent. Les vendeurs, s'ils veulent se débarrasser de leur marchandise, doivent réduire leurs prétentions, les acheteurs, s'ils veulent en obtenir, doivent consentir à un effort. L'ensemble de ces tractations aboutit à un équilibre qui ne satisfait entièrement personne mais qui, selon les théoriciens du libéralisme, correspond à un optimum collectif. Ce processus permet notamment de réguler la production des différents biens en assurant l'équilibre entre l'offre et la demande. C'est là la célèbre « loi du marché ». L'argument central est que l'égoïsme des individus aboutit à un bien pour la collectivité, ce que résume un aphorisme : « Ce qui est bon pour General Motors est bon pour les États-Unis. » Le libre jeu des égoïsmes doit donc être préservé par la loi.

Fort bien, mais, comme toute démonstration, celle-ci ne peut être déroulée qu'en faisant certaines hypothèses. Une des plus nécessaires est l'absence de limitation du nombre de vendeurs et d'acheteurs et de la quantité de marchandise disponible. Il est clair que, si un seul vendeur est présent, il pourra imposer son prix à ceux qui ont besoin de ses produits. Pour éviter que ne s'instaure un tel monopole, des lois antitrust ont été adoptées. Mais ces lois, efficaces face à l'absence de concurrence, sont impuissantes devant une limitation des ressources disponibles. L'exemple le plus actuel est celui du prix du pétrole.

Il y a trente ans, le prix du baril était inférieur à 3 dollars. Après la guerre du Kippour, il a triplé, dépassé 10 dollars, puis 30, jusqu'à atteindre 36. Il vient de retomber à moins de 20 dollars. Qui pourrait prétendre que ces variations erratiques correspondent à une quelconque rationalité ? Qui se hasardera à prédire l'évolution de la prochaine décennie ?

Tout raisonnement est rendu précaire par le fait que la quantité de pétrole disponible à long terme est limitée. Les réserves encore enfouies dans la terre sont mal connues mais il est sûr qu'elles ne sont pas infinies. Un jour viendra où le dernier baril aura été extrait et détruit. Au rythme actuel de la consommation, ce jour se situe plutôt dans un siècle que dans deux. Avons-nous le droit de léguer à nos descendants une planète ainsi appauvrie ? Poser cette question, c'est admettre la nécessité de tenir compte d'autres contraintes que la seule loi du marché.

Vent, eau et voilier

PRENDRE conscience de la limitation des ressources de la planète peut inciter au découragement. Nous ne pouvons rien y ajouter, et atteindre une autre planète où de nouvelles richesses seraient disponibles est hors de notre portée. Face à de tels handicaps, la seule sagesse n'est-elle pas d'abandonner la lutte et de se contenter de jouir de l'instant présent ?

Non, il s'agit là d'une fausse sagesse. Cette attitude admet que les forces contraires, en s'accumulant, se renforcent et nous accablent, alors que bien souvent elles peuvent jouer l'une contre l'autre et permettre de dégager une issue. La Fontaine aurait pu nous le faire comprendre en composant une fable. Je vous en propose une, dont le titre pourrait être *Le Vent, l'Eau et le Voilier*.

Je vous laisse le soin de mettre ma fable en vers et vous embarque dans mon voilier, un jour où nous devons aller de Menton à Cannes, droit vers l'ouest, et où, malheureusement, le vent vient justement de l'ouest et nous repousse dans la direction opposée. Hélas, donc, le vent est contre nous.

Comble de malchance, ce vent soulève des vagues qui heurtent la coque et la quille ; cette eau résiste et s'oppose à notre progression. Décidément, les éléments nous sont hostiles, le vent et l'eau sont nos ennemis. Faut-il se décourager et abandonner notre voyage ? Non. Il faut, comme disent les marins, « tirer des bords », c'est-à-dire se diriger, pour commencer, non vers l'ouest, qui est notre objectif, mais vers le nord-ouest. Le vent qui nous pousse vers l'est et l'eau qui résiste à notre progression conjuguent alors leurs forces pour nous mener dans cette direction. Elle n'est pas véritablement la nôtre mais, bientôt, nous tournons d'un quart de tour et allons vers le sud-ouest. Puis nous recommençons. Par étapes, nous nous rapprochons de notre but sans pourtant jamais nous diriger vers lui.

Ce faisant, nous avons utilisé, en les conjuguant, les forces de la nature. Isolées, elles étaient toutes deux contraires. Rassemblées, elles ont servi notre dessein.

Qui faut-il remercier le plus, le vent ou l'eau ? La question est absurde et il faut ne pas y répondre. Mais elle est souvent posée sous une forme pseudoscientifique : dans la réussite de notre voyage, quelle est la part du vent et celle de l'eau ? Dans ce contexte, cette notion de part est, évidemment, ridicule. C'est pourtant à elle que se réfèrent ceux qui cherchent à préciser dans telle performance humaine, par exemple une caractéristique de l'intelligence, la part de l'inné et la part de l'acquis. Nous avons déjà eu l'occasion d'en parler.

Des chèvres et des loups

JE SUIS BIEN CONSCIENT de ne pas avoir le talent de La Fontaine, mais l'idée que je voudrais proposer aujourd'hui pourrait, comme celle d'hier il me semble, être exprimée au moyen d'une fable. Tentons de l'écrire. Elle a pour titre *Les Chèvres sauvées par les loups* et illustre un raisonnement développé par les économistes lorsqu'ils décrivent un processus de concurrence dans un milieu limité.

Imaginons une île déserte sur laquelle l'herbe pousse en abondance. Un éleveur du continent y installe quelques chèvres et projette de revenir dans plusieurs années, persuadé de retrouver un troupeau riche de nombreuses chèvres. Effectivement, les chèvres, découvrant de magnifiques prairies, se nourrissent à volonté, se portent fort bien et font des petits. Peu à peu, leur effectif croît. Mais vient un jour où l'aventure tourne mal. Les chèvres sont trop nombreuses à brouter l'herbe avec gloutonnerie et celle-ci n'est pas renouvelée assez vite. L'herbe devient si rare que les chèvres ne trouvent plus de nourriture. Elles meurent, le troupeau disparaît. C'est le mécanisme désigné par les spécialistes comme le surpatûrage.

Mais reprenons l'histoire peu après son début, en admettant qu'un ennemi de notre éleveur introduise sur l'île quelques loups. Ceux-ci, amateurs de chèvres, se nourrissent d'autant mieux qu'il y a beaucoup de chèvres. Ils se portent bien et font des petits. Dans un premier temps, le nombre des loups augmente et celui des chèvres, mangées par les loups, diminue. L'effectif des loups, moins bien nourris, diminue donc car ils ne trouvent plus assez de chèvres à se mettre sous la dent. Cette diminution du nombre de leurs prédateurs permet aux chèvres, moins fréquemment mangées par les loups, de retrouver une période d'accroissement de leur effectif.

Se met ainsi en place un processus d'alternance de périodes favorables aux chèvres et de périodes favorables aux loups. Les mathématiciens se sont emparés de ce problème et le traitent rigoureusement au moyen de deux équations à deux inconnues : le nombre de loups, le nombre de chèvres, chacun de ces nombres évoluant en fonction de l'autre. Le résultat est représenté par deux courbes montrant que chaque espèce échappe à la disparition grâce à la présence de l'autre. L'ennemi de notre éleveur, en voulant lui porter tort, a en réalité sauvé le troupeau.

La morale de l'histoire est que la présence d'un prédateur, d'un adversaire, peut être la condition de survie d'un groupe. Cela est vrai pour les chèvres et les loups. Ce peut l'être aussi pour notre espèce. Ne nous plaignons pas de rencontrer des oppositions ; en en tenant compte, nous trouverons peut-être une issue que, seuls, nous n'aurions pas imaginée.

Exterritorialité

AU CŒUR DE LA TOURMENTE que vit actuellement la Palestine, chacun cherche à faire preuve d'imagination pour dégager une issue. Nous savons bien qu'un jour viendra où la paix sera rétablie, qu'un jour plus lointain viendra aussi où plus personne ne comprendra pourquoi tant d'horreurs ont été commises. Tout est bon pour hâter cette conclusion. Permettez-moi une contribution qui paraîtra certainement dérisoire, mais qui a au moins le mérite d'aller dans la bonne direction.

Dans tous les États du monde, les ambassades des autres États sont des lieux qui échappent à la souveraineté de la nation qui les abrite. À Paris, place de la Concorde, le terrain sur lequel est bâtie l'ambassade des États-Unis n'appartient pas à la France ; il est une parcelle de l'Amérique insérée dans notre territoire. En échange, un morceau du territoire américain à Washington est considéré comme français.

Fort bien, mais pourquoi ne pas généraliser ce concept d'exterritorialité en attribuant des parts du territoire de chaque nation non plus à d'autres nations mais à l'ensemble de l'humanité ?

J'aimerais que mon pays donne l'exemple en annonçant que tel lieu prestigieux n'est plus sous la souveraineté française. Tous les membres de notre espèce, tous les humains, y seraient chez eux de plein droit.

Ainsi serait donné son véritable sens à la « Terre promise », qui joue un si grand rôle en Palestine. Quelle terre ? Promise à qui ? Nous pouvons nous mettre d'accord sur la réponse évidente : toute la terre, promise à tous les hommes. Les lieux exterritorialisés par ce projet seraient les premières étapes de la reconquête de leur terre par ceux à qui elle est promise.

Essayons de concrétiser cette utopie en choisissant un lieu symbolique. Ce pourrait être l'Arche du quartier de La Défense. Alors que l'Arc de triomphe a été élevé à la gloire des victoires de l'empereur Napoléon Bonaparte, en oubliant qu'elles avaient toutes été les étapes d'un chemin se terminant à Waterloo, l'Arche de la fraternité a été élevée pour faciliter les rencontres entre les hommes. Il n'y est pas question de triomphe ou de gloire, mais de communication et de dignité. Elle peut être offerte comme un apport de la France au réseau de tous les « exterritoires ».

Car chaque nation pourra contribuer à ce réseau en se dépouillant d'un lieu prestigieux ou symbolique. Il est au moins un cas où ce choix est évident : le Proche-Orient, Israël et le futur État palestinien. Quelle partie de leur territoire pourront-ils le plus symboliquement offrir aux humains sinon cette esplanade du Dôme du rocher d'où, selon les musulmans, Mahomet a quitté la terre, et ce Mur des lamentations où, depuis des siècles, le peuple juif est venu se confier à Dieu ? Ces lieux sont sacrés pour tous les hommes. Ils sont les témoins des plus beaux cadeaux, ceux que les humains se font les uns aux autres en constatant que leurs dieux ne sont qu'un.

Les guerres

LE PROJET de création d'un réseau de lieux prestigieux ou symboliques extraits de la souveraineté des États pour être attribués à l'humanité tout entière apparaît évidemment comme une utopie, son éventuelle réalisation ne peut être que bien lointaine. Mais les soi-disant réalistes ne sont-ils pas plus utopiques encore lorsqu'ils prétendent résoudre par la force les conflits apparus entre deux collectivités ou entre deux peuples ?

L'histoire de notre pays, la France, semble, telle qu'elle est décrite à l'école, se confondre avec une série de guerres aux motivations le plus souvent oubliées et aux conséquences souvent indéfinissables.

Tous les petits Français connaissent la date de la bataille de Marignan, ce 1515 qui sonne comme le refrain d'une chanson. Mais combien d'entre eux savent que l'armée ennemie était composée de soldats suisses, et combien pourraient expliquer pourquoi le roi de France s'est cru obligé d'aller guerroyer dans la plaine du Pô ?

Ce qui fait entrer une bataille dans l'Histoire est moins la violence des combats ou l'importance des pertes des deux armées que la présence de quelques témoins qui ont su en parler. La bataille de Fontenoy serait certainement moins souvent évoquée si la célèbre phrase, « Messieurs les Anglais, tirez les premiers », n'avait pas été prononcée et rapportée. Ce qui fait d'une obscure mêlée un événement historique est le talent d'un narrateur qui trouve les mots pour le décrire. Valmy serait moins cité dans les manuels d'histoire si Goethe n'avait assisté à l'événement et n'y avait vu « le commencement d'une nouvelle époque de l'histoire du monde ».

Mais ce regard lucide est réservé à ceux qui assistent sans réellement participer. Les véritables acteurs sont décrits après coup, et leurs fameuses vertus guerrières – le courage, le mépris de la mort, l'héroïsme – sont célébrées. Ce sont pourtant des mots et des sentiments qui n'avaient en vérité guère de sens au moment de l'action ; ceux qui « en étaient » ne se souviennent que d'avoir obéi, attendu, grelotté, et d'avoir appris finalement que leur camp avait gagné ou perdu. Ceux qui ont participé à la bataille l'ont subie. Les guerres, comme la plupart des événements, deviennent après coup des réalités grâce à ceux qui les racontent.

Dans le monde d'aujourd'hui, notre appréhension d'une guerre n'est plus dictée par les phrases d'un écrivain mais par les images d'un photographe. Le sens de la révolte de la place Tienanmen à Pékin est tout entier exprimé par le cliché où un étudiant, seul au milieu du boulevard, fait face à une file de chars. Nous comprenons aussitôt que le droit ne peut être du côté de la force.

Je suis de ceux qui pensent que la plus belle vertu face à la guerre est manifestée par ceux qui refusent de la faire.

La guerre du feu

REVENONS sur cette affirmation fréquemment entendue : « Il y a toujours eu des guerres, il y en aura donc toujours. » Ce « toujours » est très probablement une contre-vérité. Certes, l'histoire des peuples telle que nous l'avons apprise à l'école est racontée comme une succession ininterrompue de batailles, de massacres, de trêves provisoires et, au mieux, de périodes pacifiées, comme la *Pax romana* il y a vingt siècles. L'absence de guerre résultait alors de la soumission de la majorité des peuples à la volonté d'un seul. Mais cette histoire ne concerne que les quelques derniers millénaires, or l'humanité s'est constituée depuis beaucoup plus longtemps.

Il y a vingt ou trente mille ans, ceux qui peignaient les grottes de Lascaux ou d'Altamira étaient des hommes biologiquement tout à fait semblables à nous. Leur façon de vivre ensemble a été transformée, assez récemment à l'échelle cosmique de la durée, lorsqu'ils ont inventé, il y a sans doute douze ou quinze mille ans, l'élevage et l'agriculture. Cette révolution, qui s'est produite dans la région du Moyen-Orient, a constitué une véritable mutation. Nos ancêtres ne se sont plus contentés de ce que la nature leur offrait, ils l'ont obligée à produire plus de nourriture. Ils ont inventé l'appropriation des champs et des troupeaux, puis la défense des biens qu'ils s'étaient ainsi attribués, et donc l'attaque de l'autre pour les lui prendre. D'où la guerre. Mais pourquoi se seraient-ils battus alors qu'ils ne possédaient rien ?

Le contresens que nous commettons en imaginant des guerres permanentes est illustré par un film célèbre, *La Guerre du feu*. Un groupe qui n'a pas su entretenir la flamme va la chercher chez des voisins qui la possèdent et, pour la conquérir, il leur fait la guerre. Voilà bien une idée stupide née dans un cerveau du XXe siècle ! Pourquoi se battre pour obtenir le feu alors que c'est un bien que l'on peut donner à l'autre sans le perdre ? Si vous me demandez ma montre, il m'est légitime de vous la refuser ; mais si vous me demandez l'heure, je n'ai aucune raison de ne pas vous répondre.

Il n'est pas déraisonnable d'imaginer, durant la préhistoire, des groupes humains entièrement occupés par leur survie dans un milieu souvent défavorable. La mortalité infantile devait être effroyable, et maintenir l'effectif du groupe, génération après génération, nécessitait l'effort de tous. Pourquoi auraient-ils inventé d'aller attaquer le groupe voisin et de s'entretuer ? Cette ère de non-guerre a duré beaucoup plus longtemps que la période dite historique. Celle-ci n'a représenté dans le cheminement humain qu'une parenthèse. Il est temps de la refermer.

La paix

J'AI ÉVOQUÉ hier l'état de non-guerre ; il a probablement été celui des diverses communautés qui nomadisaient sur la terre avant la révolution du néolithique, c'est-à-dire avant l'invention, il y a un peu plus de douze mille ans, d'un nouveau mode de vie basé sur l'élevage et l'agriculture. Cet état de non-guerre n'était pas réellement la paix, car il est bien insuffisant de définir, comme le font pourtant les dictionnaires, la paix comme l'absence de guerre. Comme si la beauté était l'absence de laideur.

Le philosophe Alain a fait remarquer que « la guerre est, mais la paix n'est pas ». On n'en finit pas de décrire les combats, de s'extasier sur le courage des guerriers, l'intelligence des stratèges, de s'émerveiller devant les progrès techniques qui permettent de lancer toujours plus loin des armes qui détruiront toujours plus d'ennemis. Mais que dire d'un peuple qui construit des maisons et des routes et qui se réjouit de contempler les couchers de soleil ? Il faut redonner valeur à la paix en lui donnant une définition plus exaltante que celle de non-guerre.

Pour commencer, constatons que, pour être en paix comme pour faire la guerre, il faut être au moins deux. Avant l'arrivée de Vendredi, Robinson n'était ni en paix ni en guerre. Après, ils ont eu le choix de se combattre ou de coopérer, c'est-à-dire le choix entre la guerre ou la paix. Il semble alors raisonnable de proposer comme définition au *Larousse* ou au *Robert* : « PAIX : état de pays qui profitent de leurs différences idéologiques ou culturelles pour assurer mutuellement leur sécurité et dynamiser leur évolution. »

L'important est de ne pas voir dans ces différences des occasions de conflit mais des espoirs de progrès. Ceux dont les religions évoquent des dieux distincts ont dans leurs rencontres des opportunités de remettre en cause leur propre foi, et donc de l'approfondir. Ceux qui ont opté pour des systèmes sociaux opposés peuvent comparer les efficacités et corriger leurs choix.

Il est clair que, dans le monde des hommes d'aujourd'hui, les réactions collectives sont à l'opposé de cet idéal. Certains pensent qu'il n'y a pas de remède, car ce goût pour la lutte et la destruction de l'autre serait dans la nature humaine. Cette nature humaine est trop mal connue pour que l'on puisse affirmer cette dépendance. Et, surtout, l'essence même de la nature humaine est de lutter contre la nature. Nous savons lutter avec succès contre elle lorsqu'elle prétend condamner à mort nos enfants ; pourquoi ne pas lutter contre elle avec la même énergie lorsqu'elle nous incite à des attitudes collectivement suicidaires ?

Pacifisme

LA PLUPART DES MOTS que nous employons sont entourés d'un halo de termes ayant la même racine étymologique, concernant des sujets voisins, et qui sont parfois révélateurs des non-dits impliqués par le mot initial. Examinons par exemple le mot « paix », que j'ai pris pour thème de mes dernières chroniques. Certes, il évoque un état de choses plus valorisé, plus sympathique que le mot « guerre » ; mais des mots très voisins, « pacifisme » ou « pacifiste », qui ont la même racine, ont une connotation beaucoup moins favorable. Ils sont compris comme synonymes de manque de courage, d'abandon, de lâcheté. Lors des périodes de grand péril pour une nation, le parti des pacifistes est facilement confondu avec celui des traîtres.

Notre pays n'a pas toujours échappé à ce dérapage du sens. L'école y a contribué à la fin du XIXe siècle par le contenu de l'enseignement républicain. Celui-ci prônait fort bien l'amour de la patrie, mais, au passage, il préparait les enfants à participer un jour à la libération par les armes de l'Alsace-Lorraine ; il glorifiait également les conquêtes coloniales présentées comme un des éléments de la gloire de la France. Un détail est révélateur : l'une des écoles les plus prestigieuses, chargée de former une partie des futures élites, l'École polytechnique, était – et est encore – gérée par le ministère de la Guerre sans que cet archaïsme napoléonien fasse scandale. Dans notre pays comme dans beaucoup d'autres, c'est tout un fonds culturel qui se manifeste à travers l'organisation scolaire et le vocabulaire. Et cette culture est fondamentalement une culture de la guerre.

Il est temps de prendre conscience du danger de cette culture pour l'ensemble des hommes et de s'efforcer de la remplacer par une culture de la paix. Cette nécessité était apparue depuis longtemps à des visionnaires comme Chateaubriand ou Victor Hugo. Elle a été prise en compte dans quelques tentatives d'organisation planétaire. Aussitôt après la guerre de 1914-1918, la Société des Nations a tenté de réaliser une société universelle ; après celle de 1939-1945, l'ONU a participé à toutes les tentatives de résolution des conflits sans recours à la violence. Mais son efficacité s'est révélée bien limitée.

À long terme, une culture de la paix ne peut être généralisée que si le système éducatif, à tous les niveaux, insiste sur la recherche des solutions non violentes aux conflits. C'est en ce sens qu'il faut comprendre l'apostrophe de Machiavel disant à son Prince : « Si tu veux éviter la révolution, fais-la. » Oui, c'est à celui qui domine de profiter de son pouvoir pour octroyer les libertés qui garantissent la paix, avant qu'elles soient obtenues par la force.

Un jour viendra où, à côté des facultés de biologie ou de médecine, seront instituées des facultés de la paix, à côté des prestigieuses écoles supérieures de commerce, des écoles de la paix. Elles remplaceront avantageusement les écoles de guerre.

Choisir demain

Plus sans doute qu'à aucune autre époque de notre histoire, nous sommes face à des choix qui orientent notre avenir pour une longue durée. Certains de ces choix sont irréversibles et transforment définitivement notre destin.

Lorsque ce « nous » concernait une collectivité limitée, il n'était pas trop difficile de faire le tour d'un problème, de peser les conséquences des diverses options et de prendre une décision. Les choix de chaque groupe n'avaient que peu d'influence sur les voisins, les interactions étaient faibles. Aujourd'hui, ce « nous » s'étend à la quasi-totalité de l'espèce, non seulement dans sa réalité actuelle mais dans son avenir. C'est cela le sens du constat de Paul Valéry que j'ai rappelé : « Le temps du monde fini commence. » Chaque fois que nous prenons une décision en ne tenant compte ni de sa dimension planétaire ni de ses conséquences à long terme, nous commettons une faute contre notre espèce.

Malheureusement, les organisations mises en place tout au long de l'histoire sont adaptées à un monde où les diverses collectivités pouvaient agir comme si elles étaient autonomes et surtout comme si leur choix du moment n'impliquait pas un choix à long terme. Cette attitude ne correspond plus aux contraintes de notre temps.

L'exemple le plus significatif de cette incohérence est fourni par la partie de l'humanité qui se présente comme un modèle à imposer à tous, le monde occidental.

Pour orienter le cheminement de leur économie, ces nations, qui ont su accumuler de la richesse, s'en remettent à l'arbitrage de ce que l'on appelle les « marchés ». Les valeurs des divers biens échangés sont définies par le jeu de l'affrontement sur une place publique imaginaire où se rencontrent des vendeurs et des acheteurs. Selon cette vision des rapports entre humains, tous sont menés par leur égoïsme, ils ne cherchent que leur bien personnel. Les premiers cherchent le prix le plus élevé possible, les seconds le moins élevé possible. Le fondement de l'économie dite libérale est la croyance, à vrai dire étrange, que ces égoïsmes affrontés aboutissent à un système de prix qui représente un optimum collectif.

Ne mettons pas en doute, du moins pour aujourd'hui, cette croyance et constatons que le comportement qui en découle ne peut tenir compte que des contraintes présentes des protagonistes. L'équilibre auquel ce marché aboutit est fonction des besoins ressentis dans l'immédiat ; il ne peut pas, par construction, être au service d'un objectif lointain. La mécanique mise en place est nécessairement aveugle, ou pour le moins myope. Ce qui est bon pour les humains actuels ne l'est pas nécessairement pour leurs lointains descendants. Même dans l'hypothèse de marchés parfaits, tenant compte des besoins exprimés par tous, il est clair que ne peuvent s'y manifester ceux qui ne sont pas encore nés. Nous verrons demain un exemple de cette absence dramatique de finalité.

Prix du pétrole

J'AI ÉVOQUÉ hier la croyance qui est à la base de l'économie libérale : le libre jeu des discussions entre vendeurs et acheteurs d'un bien quelconque conduit spontanément à l'adoption d'un prix optimal pour l'ensemble. De nombreux exemples montrent que la réalité est souvent très éloignée de cette vision optimiste. Le plus clair est celui du prix du pétrole.

Chaque jour, ce prix évolue en fonction des quantités offertes par les pays producteurs et celles demandées par les consommateurs. Deux questions se posent alors : comment pourrait-on prétendre que ce prix correspond à un optimum quelconque, et surtout que signifierait cet optimum ?

Pour répondre à la première question, il suffit de rappeler l'évolution de la valeur du baril au cours des dernières décennies. Il y a trente ans, cette valeur était un peu inférieure à 3 dollars. La guerre du Kippour, en septembre 1973, entre Israël et ses voisins arabes a conduit les États producteurs – dont le principal est l'Arabie Saoudite – à utiliser le pétrole comme une arme en augmentant son prix. En quelques semaines, le prix du baril a été multiplié par trois, provoquant dans toute l'économie mondiale un bouleversement profond, que l'on a appelé le premier choc pétrolier. Depuis, ce prix a évolué au gré des pressions exercées par les États ou par les grandes compagnies pétrolières, en fonction principalement des accords que parviennent à mettre en place les membres de l'Organisation des pays exportateurs de pétrole, l'OPEP. Après avoir dépassé 30 dollars dès le début des années 1980, il est redescendu à 10, puis remonté, et personne ne saurait dire à quel niveau il sera dans dix ans. Comment prétendre que ces mouvements erratiques permettront de s'approcher d'un optimum ?

Ce concept même d'optimum ne peut être qu'un leurre. Pour qu'il soit définissable, il faudrait que l'on précise l'objectif recherché. Il s'agit de la gestion par l'ensemble des humains d'une richesse offerte par la nature et que celle-ci ne renouvelle qu'à un rythme très lent : il faut des centaines de millions d'années pour transformer en pétrole d'innombrables cadavres d'animaux ou de plantes. Quelle attitude avoir face à ce cadeau non renouvelable ?

Dans une vision à court terme, l'humanité peut se précipiter sur cette ressource, tellement utile pour mille usages, comme un enfant se précipite sur un gâteau. Si, au contraire, on se préoccupe du sort des générations à venir, il serait salutaire de ne pas la dilapider trop rapidement. Dans la première optique, il est souhaitable que le prix du baril soit le plus bas possible ; l'économie mondiale était tellement plus florissante à l'époque du baril à 3 dollars ! Avec la seconde attitude, il faut voir dans le pétrole un bien commun de l'humanité et s'efforcer de n'en détruire qu'une faible quantité. Fixer un prix très élevé, au moins dix ou cent fois supérieur au prix actuel, est un moyen d'y parvenir.

Il est clair que le véritable problème n'est pas d'ordre économique. Il doit être posé en termes de choix planétaire.

Une éthique planétaire

J'AI INSISTÉ sur les changements des pouvoirs humains et sur leurs conséquences : ils modifient les rapports des hommes avec la planète et nécessitent la mise en place d'une gouvernance mondiale. Les mutations qu'il faudra provoquer dans l'organisation des sociétés humaines et, en premier lieu, dans l'organisation de la société dominante – la nôtre – sont si radicales que certains des hommes les plus lucides pensent que les efforts dans cette direction sont inutiles. Pour eux, il est trop tard.

Il m'a semblé que ce sentiment était celui d'un homme qui a beaucoup bataillé pour la préservation de l'eau notamment, René Dumont, qui nous a quittés l'an dernier. La dernière fois que je l'ai rencontré, au Québec, il m'a fait part de son pessimisme. L'humanité avait fait trop de sottises, les destructions qu'elle avait infligées à la nature étaient trop graves et irréversibles. Acceptons la fin, non programmée par la nature, de notre espèce. Il se consolait en pensant que la disparition de l'humanité, par sa propre faute, aurait du moins l'avantage de permettre à d'autres espèces de trouver un domaine où survivre. Nous sommes, c'est un fait, les pires prédateurs. Le lendemain de la disparition du dernier homme, beaucoup d'animaux pourront penser : « Ouf ! Enfin tranquilles ! »

Je ne peux adhérer à ce désespoir. Sans doute parce que je suis grand-père de huit petits-enfants et que, pensant à eux, je ne peux m'abandonner au découragement. Mais aussi parce que le regard que l'on peut porter avec lucidité sur l'être humain justifie tous les espoirs et donne leur sens à toutes les luttes.

Il ne s'agit pas du regard sur l'espèce animale à laquelle nous appartenons ; la nature l'a produite, par hasard, au terme d'une errance évolutive aléatoire. Elle a abouti à l'*Homo sapiens* comme à quelques millions d'autres espèces. Pas de quoi être orgueilleux.

Il s'agit de la société des hommes telle qu'elle a été construite par les hommes. Elle permet à chacun d'eux de sortir de soi-même, de réaliser des performances inouïes : comprendre que demain existera et faire des projets, imaginer une possible liberté et s'interdire à soi-même certains actes, faire de la rencontre des autres la sources de la construction de soi. Tout cela, les hommes, et apparemment eux seuls, savent le faire. Ces performances autorisent tous les espoirs et nous obligent à tout faire pour que, face aux bifurcations qui s'offrent aujourd'hui, la bonne voie soit enfin choisie.

Pouvoirs nouveaux, Asilomar

J'AI SOULIGNÉ l'urgence des problèmes posés par les avancées techniques, qui donnent parfois aux humains des pouvoirs tellement extraordinaires qu'ils dépassent ce que la planète peut supporter. Pour mettre au point des comportements valables à long terme permettant d'éviter la dégradation de la planète, de multiples rencontres ont eu lieu. Certes, les sommets de Rio de Janeiro ou de Kyoto n'ont abouti qu'à bien peu de décisions à grande portée mais, chaque fois, les quelques pas accomplis, même insuffisants, allaient dans la bonne direction.

Un nouveau domaine inattendu a contraint à prendre des décisions urgentes. Il ne s'agit pas d'événements grandioses, d'explosions spectaculaires, mais de quelques molécules manipulées dans les laboratoires. L'importance de ces molécules vient de ce qu'elles sont à la source de tout être vivant, éventuellement un homme. Ce qui autrefois était un rêve inaccessible, et considéré comme définitivement inaccessible, est devenu un acte parfaitement dominé : le noyau dur de la réalisation d'un être humain, qui était semblable à une boîte noire mystérieuse, est devenu une expérience de chimie semblable à d'autres.

La découverte de la molécule d'ADN, en 1953, a ramené tous les mécanismes qui se produisent dans les êtres vivants, des virus à l'être humain, au rang de processus moléculaires parfaitement identifiés sur lesquels, par conséquent, il est possible d'intervenir.

La période d'euphorie devant ces pouvoirs nouveaux a été de courte durée. Très vite, l'angoisse est apparue tant les enjeux étaient considérables. Un événement sans doute sans précédent dans l'histoire des sciences a alors été provoqué par les chercheurs eux-mêmes. Au lieu de foncer, comme à leur habitude, le plus vite possible dans les voies qui s'ouvraient, ils ont décidé collectivement d'arrêter provisoirement leurs recherches. Réunis dans la petite ville d'Asilomar, en Californie, ils ont adopté, en 1975, un moratoire qui bloquait la plupart des travaux, puis ont défini les précautions nécessaires avant de reprendre les recherches.

Cet épisode est révélateur de l'inquiétude que suscitent des possibilités d'action qui n'avaient jamais encore été envisagées. Le problème fondamental n'est plus « Comment faire ? » mais

« A-t-on le droit de faire ? » Le technicien passe nécessairement la parole au moraliste.

En fonction de quoi celui-ci va-t-il réfléchir ? Au nom de quoi va-t-il trancher ? Il ne s'agit de rien de moins que du problème qui tourmente les hommes depuis qu'ils ont pris conscience de leur existence, le problème du bien et du mal.

Le bien et le mal

LA QUESTION « Comment faire ? » pose certes des problèmes difficiles, parfois insolubles, mais elle n'est pas angoissante. Il s'agit de découvrir des procédés, d'améliorer des tours de main. Lorsque, enfin, une façon d'agir est trouvée, on peut se réjouir sans arrière-pensée. Tout est différent avec la question « A-t-on le droit de faire ? », car qui a le pouvoir de définir ce droit ? Qui sait où se trouve le bien, où se trouve le mal ?

Face à ce problème, il est simple d'accepter une solution arbitraire en désignant celui qui est censé savoir. C'est la solution proposée par certaines religions qui situent le détenteur de ce savoir dans l'au-delà et admettent qu'un homme l'a reçu de lui. Telle est l'attitude de la Bible lorsqu'elle explique que Moïse est redescendu du Sinaï en portant les Tables de la Loi. De même, pour les musulmans, Mahomet a entendu directement le texte du Coran qui définit avec précision comment se comporter pour respecter le bien et éviter le mal.

Pour ceux qui admettent que la source de la morale est en Dieu et qu'Il a pris la peine de nous l'enseigner, tout semble résolu. Des problèmes d'interprétation se posent cependant lorsque les interrogations concernent des pouvoirs nouveaux qui ne pouvaient être imaginés à l'époque de cette révélation.

Pour ceux qui n'adhèrent pas à cette attitude, la source de la morale ne peut être qu'une réflexion collective sur la meilleure façon de vivre ensemble. Les philosophes y ont consacré dans le passé une grande part de leurs travaux. Ce qui est inédit, en ce début de siècle, c'est que ces questions sont générées non plus par les philosophes mais par les scientifiques. Ils sont donc amenés à sortir délibérément de leur domaine de compétence, exercice qui leur est inhabituel et qui les contraint à délibérer avec les moralistes.

Le génie génétique est le domaine où cette difficulté est la plus criante. Pour l'affronter, de nombreux États ont créé des comités d'éthique où se rencontrent philosophes, biologistes, médecins, théologiens. Ces comités permettent de poser au mieux les questions et d'assurer une information aussi précise que possible à chacun. Mais ils ne peuvent être qu'une mesure provisoire. Ce n'est pas à un aréopage de quelques dizaines de personnes, si compétentes et sages soient-elles, de décider de la morale d'un peuple. Si ce rôle n'est pas tenu par Dieu, il ne peut l'être que par le peuple lui-même. Ainsi apparaît un besoin nouveau pour le siècle à venir : mettre en place une démocratie de l'éthique.

Théodore Monod

Il est des instants où ce qui vous arrive est si peu explicable, résulte de coïncidences si peu probables, que l'on est tenté d'imaginer des causalités mystérieuses, comme si une main invisible vous guidait malgré vous. Il ne s'agit pas d'« y croire », mais pourquoi ne pas laisser se développer le sentiment d'une présence bénéfique ?

J'avais appris le décès de Théodore Monod, partageant l'émotion de tous ceux qui l'ont connu. À cause d'un changement d'adresse, je n'avais pas reçu l'avis indiquant l'heure des obsèques ; je pensais qu'elles auraient lieu le jour suivant. J'allais à mon bureau, ce matin-là, lorsque quelqu'un que je ne connaissais pas traverse la rue, s'étonne de ma direction et m'apprend que ces obsèques ont lieu de l'autre côté de la Seine dans quelques minutes. J'ai rebroussé chemin et j'ai pu arriver à temps pour participer à ce moment de recueillement. Rien là de bien étonnant, me direz-vous. Mais mon trouble a été profond. Tout s'est passé comme si quelqu'un me réprimandait de n'avoir pas su me renseigner à temps sur un événement auquel je voulais participer.

Parmi les innombrables liens que Théodore Monod a su tisser, l'un me concernait. Sa mort n'avait pas totalement rompu ce lien, il agissait encore en moi et intervenait dans ma démarche. J'ai ressenti ce jour-là comme une réalité l'ambiguïté de la mort.

Elle est certes l'équivalent d'une coupure définitive pour l'organisme : il disparaît, perdant jusqu'à sa définition. Mais elle est beaucoup moins brutale pour la personne ; celle-ci est au cœur d'un écheveau de liens qu'elle a tissés tout au long d'une vie et dont la trace dure bien au-delà de cette disparition.

Cette trace en moi ne sera jamais totalement effacée. Je suis le résultat de toutes les rencontres que j'ai faites. Ceux que j'ai rencontrés prolongent leur parcours en participant au mien. À mon tour, je rencontrerai un jour l'événement absurde qui abolira mes métabolismes ; le support concret de ma personne se délitera, mais les liens que j'ai établis avec les autres resteront peut-être, grâce à eux, tendus.

Et je rêve qu'un de ces liens soit semblable à la corde que, disent les légendes, les fakirs lancent vers les nuages. Elle reste verticale comme si quelqu'un, au-delà des nuages, l'avait saisie. C'est avec ce rêve que j'adhère à l'apostrophe de saint Paul : « Mort, où est ta victoire ? »

Expulsions

Les grandes interrogations à propos de l'éthique mobilisent les compétences de nombreux scientifiques et philosophes. Ces questionnements sont certes importants, mais ils ne doivent pas détourner notre attention de problèmes concrets dont dépend la vie quotidienne de nombreuses personnes. La façon dont sont traités ces problèmes est révélatrice de la morale réelle d'une société.

En ce début du printemps, il est opportun de rappeler que cette saison, accueillie avec bonheur par la plupart d'entre nous, est redoutée par nombre de familles car elle marque le début de la période – du 16 mars au 31 octobre – où sont autorisées par la loi les expulsions locatives. Pour les forces de police qui en sont chargées, cette période est, paraît-il, désignée par un terme guerrier : la « campagne des expulsions ».

Chaque année, environ cent mille familles subissent ce traumatisme. Au cours des dix dernières années, plus de deux millions de personnes au total ont dû quitter leur logement à la suite d'un jugement puis d'une autorisation d'expulsion signée par le préfet. Celles-ci sont chaque année plus nombreuses : onze mille en 1983, seize mille en 2000. Celles qui ont abouti à une intervention policière ont atteint en 2000 un triste record : près de six mille.

Derrière ces chiffres, des drames humains. Imaginez une famille qui voit, au petit matin, la porte de son logement forcée par un serrurier, des policiers n'accordant que quelques minutes pour s'habiller et rassembler quelques objets, menaçant des menottes ceux qui osent protester et poussant vers la rue, parfois brutalement, parents et enfants. Les meubles sont envoyés dans un garde-meuble mais, le plus souvent, ils ne sont pas récupérés faute d'argent ; ils sont, après quelques semaines, vendus aux enchères ou jetés dans des décharges.

Commence alors l'errance à la recherche quasi impossible d'un toit. Elle se termine dans des camps de caravanes cachés dans les friches industrielles. Le traumatisme est durable, parfois définitif, pour les enfants. Les parents sont rejetés dans la catégorie des exclus, des désespérés.

Certes, les propriétaires de ces logements ont des droits, qu'il faut respecter. Mais la disproportion est telle entre la tragédie humaine d'une expulsion et la défense de ces droits que cette pratique devrait, au nom de la définition même du bien et du mal, être abandonnée. Toute mise à la rue doit être accompagnée d'une solution de relogement. Cela est nécessaire si notre société veut se montrer respectueuse des personnes, ce qui est le fondement de toute éthique.

Sans-papiers

J'ÉVOQUAIS hier la détresse des familles qui sont expulsées de leur logement à la suite d'une décision de justice. Il ne s'agit pas de s'élever systématiquement contre ces décisions, mais de demander à l'État de prendre des mesures pour éviter les conséquences dramatiques de ces décisions. Il est un autre domaine où les méthodes utilisées par les administrations pourraient être marquées d'un peu plus d'humanité, celui des sans-papiers.

Ces sans-papiers sont certes dans l'illégalité, mais ce sont des personnes, des membres de mon espèce. À ce titre, ils méritent d'être traités avec respect. Ce sont le plus souvent des personnes seules ou des familles, qui ont fui des conditions de vie insupportables, que ce soit à cause de la misère ou à cause d'un régime d'oppression. Elles ont déjoué mille pièges avant de trouver chez nous un havre provisoire. Peu à peu, ce « chez-nous » est devenu « chez-eux ». Mais elles sont à la merci du moindre incident qui risquerait de déboucher sur une expulsion.

La phrase de Michel Rocard est célèbre : « La France ne peut pas accueillir toute la misère du monde. » Hélas, il est impossible de prétendre qu'elle est fausse. Mais ce n'est pas la misère du monde qui est en cause, c'est celle des hommes et des femmes qui se sont réfugiés, poussés par la nécessité, dans notre petit Hexagone. Toutes les cultures qui se sont développées dans des régions particulièrement dures aux hommes, que ce soit dans les déserts ou dans l'extrême Nord, insistent sur le devoir d'hospitalité. Lorsque vous êtes sous la tente d'un Touareg, vous êtes pour lui quelqu'un de sacré ; même s'il vous considère comme son adversaire, il a le devoir de vous accueillir. J'aimerais pouvoir aimer mon pays sans restriction, et pour cela j'aimerais qu'il se comporte comme le Touareg qui m'accueille sous sa tente ou comme l'Esquimau qui m'accueille dans son igloo.

Tel n'a vraiment pas été le cas à l'époque des lois dites Pasqua-Debré, qui ont abouti à l'épisode peu glorieux où des familles réfugiées dans l'église Saint-Bernard en ont été chassées avec brutalité après que le portail en a été détruit à coups de hache. Il paraît qu'autrefois la police ne pouvait pénétrer dans une église. Des concepts comme celui de lieu sacré l'emportaient sur le concept de nécessité de la répression. Il semble que cette hiérarchie dans les impératifs ne s'impose plus dans notre société.

Difficile de ne pas y voir un recul de la civilisation. Toutefois, j'ai personnellement vécu, à propos de l'affaire de Saint-Bernard, un épisode qui, paradoxalement, me redonne confiance dans les structures de notre pays. Je l'évoquerai demain.

Saint-Bernard

L'OCCUPATION de l'église Saint-Bernard par des familles auxquelles l'administration refusait des papiers a été amplement médiatisée. Nous avons été nombreux à estimer de notre devoir de soutenir leurs revendications en étant présents chaque nuit à leurs côtés. L'affaire a eu l'épilogue douloureux dont chacun se souvient. Pourtant, un détail personnel de cet épisode m'a apporté une raison d'espérer.

Le sol de la chapelle du Saint-Sacrement, que le prêtre réservait aux personnes venant y passer la nuit pour témoigner de leur soutien, était particulièrement froid et dur. Un soir, j'ai reçu l'appel d'un ministre compatissant. Il m'a assuré, car la promesse lui en avait été faite, que les forces de l'ordre n'interviendraient pas la nuit suivante, je pouvais donc, sans déserter la cause que je défendais, aller dormir chez moi. Ce que j'ai fait. Le lendemain matin, j'étais invité au journal de huit heures de France 2. J'étais persuadé en arrivant que tout serait calme, jusqu'à ce que je voie, en direct sur les écrans, l'assaut donné par les CRS. Je me suis senti trompé et j'ai été pris d'une colère si violente et si authentique que les journalistes présents n'ont pu l'endiguer. J'ai dit des horreurs du ministre de l'Intérieur de l'époque – ce qui n'est pas original – et, dans la foulée, j'ai même incité les CRS à la désobéissance.

Mes propos ont été estimés excessifs et je dois avouer que cette opinion n'était pas déraisonnable. J'ai donc été traîné devant le tribunal de première instance de Paris pour « outrage envers personnes dépositaires de l'autorité publique ». Un an après, ce tribunal a refusé de me condamner, estimant que, « replacés dans les circonstances dans lesquelles ils ont été prononcés, ces propos n'excédaient pas les limites d'un légitime débat de nature politique ». Ma colère était donc considérée comme légitime et expliquait l'excès de mes propos.

Le plaignant a fait appel et la cour d'appel de Paris a confirmé, une année plus tard, le premier jugement en constatant que mes propos « s'inscrivaient dans le cadre d'une libre critique des actes de l'autorité publique ».

Heureux les citoyens d'une nation où le droit peut ainsi s'opposer aux décisions du pouvoir gouvernemental. J'ai souvent l'occasion de m'élever contre les erreurs de l'administration ; je suis d'autant plus heureux de cette occasion de constater, dans ce cas particulier, sa lucidité. Nous sommes citoyens d'une nation où il est possible de manifester son désaccord avec le pouvoir, même avec des mots particulièrement vifs, et recevoir l'appui du système judiciaire. Dans l'humanité d'aujourd'hui, peu nombreuses sont les nations où cela peut se produire.

Ordre et désordre

Je voudrais insister sur la contradiction de la vie en société que met en évidence l'épisode de l'église Saint-Bernard : faut-il privilégier le respect des lois valables pour tous ou le respect des cas individuels ? Paul Valéry a exprimé cette difficulté en une phrase célèbre : « Deux dangers nous menacent : le désordre et l'ordre. »

Que le désordre soit menaçant, chacun en convient. Lorsque la société n'a plus de structure, lorsque les règles fondamentales ne sont plus acceptées par tous, la vie quotidienne devient impossible. Mais il faut tout autant se méfier de l'obéissance passive à un ordre trop rigoureux fondé sur le mépris des cas particuliers. Il n'est pas excessif de comparer le désordre à une offensive de la mort et l'ordre à la victoire de la mort.

Ce double danger est vécu par ceux qui possèdent beaucoup de livres et qui sont pris, par périodes, de la rage de ranger enfin leur bibliothèque. Profitant d'un long week-end, ils décident de tout reclasser en se promettant que chaque livre aura une place correspondant à ses caractéristiques. Mais très vite apparaît le dilemme : quelles caractéristiques privilégier ? le nom de l'auteur, qui permet un classement alphabétique ? le sujet traité, qui permet un classement par thèmes ? le format du livre, qui permet de donner à la bibliothèque une apparence plaisante à l'œil ? la collection dans laquelle il est paru, qui permet de le retrouver plus facilement ?...

Naturellement, tous ces objectifs sont alternativement recherchés et le résultat, immanquablement, est que, dans les jours qui suivent ce bel effort, il est impossible de retrouver un livre. Faut-il pour autant renoncer à tout classement ? Certes non, mais il faut trouver une cote mal taillée entre deux excès.

Ce qui est vrai pour ma bibliothèque est vrai aussi pour l'organisation de la société dans laquelle je vis. Dans la vie quotidienne, c'est l'ordre qui rassure. Mais nous devrions nous méfier de cette protection, elle peut conduire à la soumission. Si l'on prenait au sérieux l'avertissement de Paul Valéry, il faudrait que la collectivité se dote de « forces du désordre » autant que de « forces de l'ordre ». C'est à ce besoin que répondaient autrefois les bouffons du roi. Ils représentaient la subversion, la transgression, en ayant le privilège de prononcer des phrases que le roi ne permettait à aucun autre. Les périodes électorales pourraient être des occasions de faire revivre cette tradition, comme l'avait tenté le regretté Coluche.

L'économie

UN DES DOMAINES où nous privilégions spontanément l'ordre et luttons contre le désordre est le système économique, ce régulateur de la vie de nos sociétés. Tout ce système est fondé sur un mécanisme de fixation des prix qui est censé donner la réponse la plus efficace à une question apparemment sans solution exacte : comment réaliser des échanges de biens en respectant chaque consommateur et chaque producteur et en obtenant la meilleure efficacité collective ?

C'est au cours du XVIIIe siècle que certains esprits commencèrent à poser ce problème avec rigueur. Analysant les flux de richesses entre les groupes sociaux, les « physiocrates », conduits par le médecin personnel de Madame de Pompadour, François Quesnay, ont tenté de trouver des recettes permettant de s'approcher d'un optimum social. Pour eux, la clé du problème était le respect de ce qu'ils appelaient l'« ordre naturel ». Il fallait donc réduire au minimum les interventions humaines, notamment celles de l'État. Ils admettaient que la source de toute richesse était la terre, le travail ne faisant que transformer cette richesse ; d'où l'idée que l'impôt doit reposer principalement sur la propriété foncière.

Au contraire, pour l'Anglais Adam Smith ou le Français Jean-Baptiste Say, au début du XIXe siècle, c'est le travail des hommes qui est à l'origine de toute richesse. Il convient donc que la valeur des divers biens tienne compte du travail qui y a été incorporé. Pour eux, la solution consiste à faire s'affronter sur un marché ceux qui ont produit des biens et veulent en tirer le maximum d'argent, et ceux qui ont besoin de ces biens et désirent les obtenir au moindre coût.

Sur ce marché, chacun se comporte donc en défendant son propre intérêt. La grande découverte des économistes de l'époque est que, en laissant librement jouer ces affrontements, l'ensemble parviendra à un équilibre dont, affirment-ils, la collectivité tout entière sera bénéficiaire. Cet équilibre correspond à un optimum. Si le marché arrive à la conclusion que le prix du kilo de blé est égal à deux fois celui d'un litre de lait, c'est que l'équivalence entre deux litres de lait et un kilo de blé induit chez les producteurs et chez les consommateurs des comportements bénéfiques pour la collectivité. L'image proposée par Adam Smith est la suivante :

tout se passe comme si une « main invisible » avait conduit la collectivité, sans qu'elle s'en rende compte, vers l'attitude la meilleure pour tous.

Certes, l'égoïsme est un comportement bien peu sympathique, mais pourquoi l'empêcher de jouer son rôle si c'est pour le bien de tous ?

Depuis deux siècles, ces théories ont naturellement été approfondies et très aménagées. Mais le fond de la théorie libérale reste cette croyance en l'efficacité globale des égoïsmes individuels. Inutile de déplorer, au nom de la morale, cet éloge de l'égoïsme. Le vrai problème est de savoir si la main invisible est réellement capable de tenir le rôle que les libéraux lui attribuent.

Économie et croissance

En période électorale, nombreux sont les mots qui reviennent comme des formules magiques. Les débarrasser de leur gangue d'idées toutes faites et regarder en face leur signification est une bonne gymnastique citoyenne. Commençons par un mot qui revient dans tous les discours et qui est d'autant plus trompeur qu'il s'entoure de quelques notions mathématiques : le mot « croissance ». Mais la croissance de quoi et avec quel objectif ?

Avec une unanimité suspecte, tous les candidats nous proposent un régime économique permettant une croissance de 3 % par an. Ce chiffre apparaît bien modeste. Il est proche des intérêts versés par La Poste pour le livret A, et chacun sait que l'on ne fait guère fortune en mettant ses économies sur ce livret. Pourtant, ce rythme de croissance est, en réalité, si élevé qu'il est exclu de le maintenir durablement. Il correspond en effet à un doublement tous les vingt-deux ans, soit bien moins d'une génération, et par conséquent à une multiplication par seize en moins d'un siècle.

Les auditeurs qui ne manipulent pas chaque jour ce genre de chiffres peuvent être surpris. Il s'agit d'un phénomène qui était autrefois au programme du certificat d'études, celui des intérêts composés. Vous placez 1 000 euros sur votre livret A. Au bout d'un an, vous pouvez retirer les 30 euros d'intérêt, laisser le capital et venir ainsi chaque année retirer 30 euros. Un siècle plus tard, vous aurez récupéré au total 4 000 euros.

Mais vous pouvez aussi laisser sur votre livret les intérêts gagnés. La deuxième année, La Poste calculera les intérêts sur 1 030 euros, soit 30,90 euros au lieu de 30 euros. Ces 90 centimes supplémentaires peuvent sembler insignifiants, mais ils vont en fait provoquer, d'année en année, une explosion de votre avoir. Un siècle plus tard, celui-ci atteindra 19 200 euros, soit cinq fois plus que dans le premier cas. Les mathématiciens appellent ce phénomène l'« explosion exponentielle ». Elle a, le temps passant, des conséquences inouïes : si votre ancêtre Astérix avait placé en votre nom l'équivalent d'un euro à 3 % dans une banque de Lutèce, votre fortune dépasserait tous les gains encaissés par tous les gagnants du Loto durant des siècles.

La leçon à tirer de cela est que les croissances commencent lentement mais que vient un moment où le mécanisme s'affole. Ce n'est pas de taux de croissance qu'il faudrait parler, mais de la durée nécessaire pour obtenir un doublement. Cela donnerait une meilleure vision du rythme du changement. Mais surtout il faudrait poser la question : qu'est-ce qui croît ?

C'est à cela que je vous propose de réfléchir au cours de nos prochaines rencontres.

Biens économiques

La croissance économique, tant chantée par nos gouvernants et par ceux qui aspirent à nous gouverner, a pour effet de mettre plus de biens à la disposition des citoyens. Évidemment, tout le monde est pour. Mais de quels biens s'agit-il ? Tout bien, même ayant une valeur parfaitement définie par le jeu du marché, n'est pas nécessairement une richesse utile. Pour mettre en évidence cette difficulté, je vous propose l'apologue suivant.

Imaginons que l'Amicale des voleurs à la tire, des détrousseurs de banques, des cambrioleurs de tout poil, qui provoquent tant de tourments dans notre société, se réunissent un jour en assemblée générale et, honteux de leurs activités, décident d'arrêter leurs méfaits. Le président de cette amicale irait le lendemain à Matignon annoncer au Premier ministre la bonne nouvelle : « Rassurez tous les propriétaires, tous les possédants, ils ne risquent plus d'être volés. »

Le Premier ministre le féliciterait bien entendu d'une aussi sympathique décision. Mais, à la réflexion, il le prierait de remettre l'application à plus tard. En effet, si le vol n'était plus commis, les bourgeois pourraient laisser sans crainte leur porte ouverte, les banques n'utiliseraient plus leurs coffres, les conducteurs de voiture laisseraient leurs clés sur le tableau de bord. Les fabricants de portes blindées, de serrures, de dispositifs de sécurité se trouveraient donc sans commandes. Ils se verraient contraints de licencier leur personnel, et plusieurs centaines de milliers de Français se retrouveraient sans travail. Pire encore, les policiers qui traquent les délinquants, les gardiens de prison qui les mettent hors d'état de nuire, les magistrats qui les jugent n'auraient plus de tâche à remplir et viendraient à leur tour alourdir les statistiques du chômage. « Ce serait la catastrophe pour mon gouvernement », penserait le Premier ministre.

Ce n'est pas jouer avec les paradoxes que de constater que l'insécurité est une des sources de l'activité économique. Dans l'immédiat, si l'objectif est de maintenir le rythme de la croissance, mieux vaut donc qu'elle ne disparaisse pas trop vite.

Certes, les mécanismes d'une société sont plus complexes que je viens de les décrire et il est dangereux de raisonner comme si une seule cause était en jeu. Mais ce petit apologue n'a pour but que de montrer combien il est trompeur d'assimiler activité et satisfaction. De façon plus générale, c'est la définition même d'un bien économique qui est en cause. Nous verrons qu'à ce propos les discussions peuvent être vives.

Donogoo

POURSUIVONS notre réflexion à propos de la valeur des biens produits par la terre ou par le travail des hommes. Ces biens ne peuvent être pris en compte dans les raisonnements des économistes que s'ils peuvent faire l'objet d'échanges et s'ils procurent un accroissement de satisfaction. Ils ne représentent une richesse pour leur détenteur que si la collectivité leur attribue une valeur. Cette valeur est nécessairement arbitraire. Pour mesurer la portée de cet arbitraire, les métaphores sont utiles. L'une d'elles a été proposée par Jules Romains, dans une pièce de théâtre intitulée *Donogoo Tonka*.

Il y raconte la tristesse d'un vieux géographe qui voudrait entrer à l'Académie des sciences mais qui se heurte à des ennemis qui ont contre lui un argument décisif : dans sa jeunesse, il a écrit un article sur la ville de Donogoo Tonka, en Amazonie ; or cette ville n'existe pas. Qu'à cela ne tienne, un aventurier lui propose de faire le nécessaire pour que cette ville existe. Il met pour cela des annonces dans les journaux, claironnant que de l'or a été trouvé à profusion dans la rivière qui traverse Donogoo. Partout dans le monde, des hommes qui n'ont plus rien à perdre quittent leur misère pour se rendre à Donogoo et participer à la ruée vers l'or. Ne trouvant pas la ville, un groupe décide de s'installer dans une clairière au bord d'une rivière et inscrit sur une pancarte, en manière de dérision : Donogoo. D'autres chercheurs, errant, passent par là et, à leur tour, s'installent. Le campement s'agrandit, devient un village, une ville. Des marchands, sûrs d'y trouver de la clientèle, s'y établissent également. Les besoins de cette foule nécessitent l'activité de médecins, de prostituées, de policiers, etc. La présence de chaque corps de métier est justifiée par les besoins des autres. Finalement, la ville de Donogoo existe parce que l'on a pu faire croire qu'elle existait. Ce qui justifie l'élection du vieux savant à l'Académie.

Cette fable a une morale : dans un groupe humain, la valeur de ce que chacun produit résulte du besoin qu'en ont les autres. C'est parce qu'il est entouré d'épiciers, de banquiers, de saltimbanques, que le boulanger retire de la valeur du pain qu'il produit. Paraphrasant Jean-Paul Sartre, il faut constater non pas que « l'enfer, c'est les autres » mais que « la richesse, c'est les autres ».

Les crises

POURSUIVONS l'examen de quelques mots du langage des économistes, que l'on répète si souvent que l'on risque fort de ne plus leur donner le moindre sens ou, ce qui est pire, de leur donner un sens contraire à ce qu'ils expriment réellement. Ainsi le mot « crise ».

Une crise est, par définition, une période de difficulté provisoire : une crise de larmes ou une crise de colère sont des moments douloureux, mais elles ont une fin. « Après la pluie, le beau temps », dit le proverbe. Il suffit d'attendre pour que les choses redeviennent comme avant. Trop souvent, les responsables ou les gouvernants se contentent d'expliquer les problèmes du moment par une crise et de faire reprendre espoir en annonçant la fin de la crise. Souvenons-nous de ce président de la République déclarant aux Français, en juillet 1979 : « Vous pouvez partir en vacances l'esprit tranquille, la fin de l'année verra la fin de la crise. »

De tels épisodes transitoires peuvent certes se produire, durant lesquels les peuples doivent patienter, mais le plus souvent la réalité doit être décrite non par le mot « crise » mais par un mot tiré du langage des généticiens, « mutation ».

Ce terme désigne un changement provoquant une bifurcation irréversible dans le cours des événements. Lorsqu'un gène subit une mutation, toutes les copies que la nature en fera seront conformes au nouveau modèle, la structure qui a précédé est définitivement oubliée. L'histoire de la différenciation des espèces au cours de l'évolution est celle d'une succession de mutations faisant apparaître des caractéristiques nouvelles, parfois favorables, parfois désastreuses.

Notre regard sur l'évolution des sociétés, pour être réaliste, doit s'attacher beaucoup plus aux mutations qu'aux crises. Malheureusement nous sommes tellement fascinés par les événements quotidiens que nous risquons de ne pas discerner les changements en profondeur, pourtant beaucoup plus décisifs. Lorsque nous regardons l'océan, nous voyons facilement les vagues soulevées par la tempête, alors que l'important est le mouvement d'ensemble du Gulf Stream.

Certains écologistes prétendent justement que le parcours de ce Gulf Stream pourrait être déstabilisé, ce serait l'une des conséquences de l'effet de serre. Si une telle éventualité se réalisait, c'est bien d'une mutation et non d'une crise qu'il s'agirait.

Biens et marchandises

CE QUI FAIT la valeur d'un bien quelconque possédé par une personne ou une collectivité n'est ni le travail qui a été nécessaire pour le produire, ni la matière qu'il a fallu utiliser, mais l'intensité du désir qu'ont les autres d'en avoir la jouissance. Répétons-le : « La valeur vient des autres. » C'est donc par l'ensemble des échanges que se constitue le système de prix qui régule la vie en société.

D'où l'importance donnée au marché par les théoriciens de l'économie libérale.

Cependant, ce marché, où chacun vient pour défendre son propre intérêt, est animé non seulement par des individus qui sont supposés par nature égoïstes, mais aussi par des personnes qui peuvent avoir des finalités liées à de tout autres préoccupations. Répétons-le, la spécificité humaine est d'avoir une double définition, chacun de nous est à la fois un animal parmi d'autres, fruit de processus biologiques semblables à ceux qui se déroulent chez tous les êtres vivants, et une personne consciente née de la rencontre avec les autres. Deux sources ont contribué à nous réaliser, d'une part la nature, qui fait de chacun un être vivant mû par son instinct, d'autre part l'aventure, qui nous insère dans une société et fait naître en nous d'autres exigences.

La préoccupation de sa propre survie, de son propre bien-être est évidemment présente chez chacun, mais elle ne résume pas tout ce qui est source de satisfaction. Dans notre comportement sur le marché que décrivent les économistes libéraux, d'autres désirs se manifestent. Ils sont essentiellement générés par notre inquiétude concernant l'avenir ; cette inquiétude est le trait qui fonde l'originalité de l'animal humain et le distingue de tous les autres. Dans notre cosmos, tout ce qui se produit résulte de la réalité présente, rien ne tient compte du futur, puisque ce futur n'a aucune existence. Mais, depuis que nous, les humains, avons pris conscience de notre propre existence, nous avons bouleversé le cheminement de la causalité en mettant nos actes de l'instant au service de notre avenir. Ce renversement des déterminismes nécessite de traiter tous les problèmes de façon spécifique dès que les hommes sont concernés.

En particulier, les raisonnements concernant l'économie doivent distinguer deux catégories de biens : ceux qui sont utiles dans le présent, ceux dont l'utilité n'a de sens qu'en fonction de nos craintes et de nos espoirs pour le futur. Nous verrons demain l'une des conséquences de cette évidence.

Biens immédiats et biens à venir

La spécificité de notre espèce est de mettre les actes présents au service de satisfactions à venir. Poursuivons notre réflexion sur les conséquences de ce constat pour les raisonnements concernant l'économie.

Cet avenir ne se limite pas à celui, personnel, de chacun de nous. Il s'étend aussi à nos descendants. Or le schéma libéral classique repose sur un thème central : l'existence d'un marché où se décide le prix des différents biens. Ce schéma admet que les divers acteurs qui interviennent sur ce marché ne tiennent compte que de leur propre intérêt. C'est l'affrontement des égoïsmes qui aboutit à un équilibre global supposé optimal pour la collectivité.

Si ce schéma est effectivement réalisé, il ne tient compte que des intérêts de ceux qui peuvent se manifester. Il exclut donc les humains des générations futures. Il serait étrange que les attitudes bénéfiques pour les hommes d'aujourd'hui soient également bénéfiques pour les hommes de demain. Là est sans doute le vice fondamental de la théorie économique libérale : elle néglige la majorité des membres de notre espèce, ceux qui ne sont pas encore nés. Or on peut espérer que notre espèce échappera au suicide collectif que serait une guerre nucléaire ou bactériologique. Elle peut donc poursuivre son aventure durant de nombreux millions d'années.

Nous sommes aujourd'hui six milliards. C'est par milliers ou millions de milliards que se compteront nos descendants. Les présents ne sont qu'une infime partie de cette foule humaine à venir. Or nous pouvons gravement détériorer, et nous sommes déjà en train de le faire, le vaisseau spatial, la planète Terre, sur laquelle ils devront survivre. L'hypothèse d'une émigration de l'humanité sur une planète neuve se heurte à de telles difficultés, en raison des distances à parcourir, qu'il est préférable de l'exclure de nos projets. Il reste à gérer, en bons pères de famille, notre propriété.

Cette gestion ne peut être pilotée qu'en ayant constamment à l'esprit les conséquences lointaines de nos actes du moment. Le marché prôné par les théories libérales est évidemment à l'opposé de cette attitude puisqu'il ne donne la parole qu'aux présents. Ces théories ne peuvent être réalistes que dans la mesure où les décisions d'aujourd'hui n'ont que peu de conséquences pour demain et après-demain. Cela a été le cas pendant toute l'histoire passée des hommes. Le siècle qui vient de s'achever a bouleversé ces conditions aux limites. Nous retrouvons ici la phrase de Paul Valéry : « Le temps du monde fini commence. »

Finitude des ressources terriennes

CERTAINES PHRASES sont si riches de pensée et de vérité que l'on n'en finit pas de tirer les conséquences de ce qu'elles affirment. Tel est le cas de la phrase de Paul Valéry qui a conclu notre rencontre d'hier et que j'ai reproduite à plusieurs reprises : « Le temps du monde fini commence. » Au cœur de cette série consacrée aux raisonnements des économistes, elle apporte un point de vue rarement évoqué, la prise en compte des intérêts des hommes à venir, plus nombreux, peut-on espérer, si on cumule toutes les générations futures, que les hommes du présent et ceux des générations passées. Elle oblige surtout à enfermer dans des limites très étroites le domaine où l'on peut accepter les théories libérales.

Ces théories préconisent une totale liberté de discussion entre ceux qui proposent un bien et ceux qui désirent l'acquérir. Il est exact que cette liberté permet de réguler les flux de production et de consommation. Si, comme cela est arrivé dans certains pays qui avaient récusé le libéralisme, le pain est vendu à un prix dérisoire au nom de la solidarité avec les plus démunis, il finit par être utilisé pour nourrir les animaux domestiques, ce qui entraîne une perte pour toute la collectivité. Le libéralisme, c'est vrai, fait barrage à de tels abus. Il n'est donc pas sans avantage, mais il ne peut tenir compte des contraintes qui ne se manifestent pas dans le présent.

L'exemple du marché du pétrole, que j'ai déjà évoqué, est significatif. Ce marché tient compte chaque jour des quantités proposées par les producteurs et des besoins manifestés par les consommateurs. L'évolution quotidienne des cours permet une régulation fine, adaptant les uns aux autres. C'est par l'intermédiaire du prix adopté sur ce marché que les quantités produites et consommées sont modifiées. Mais cette régulation est totalement myope puisqu'elle ne tient pas compte d'un fait inéluctable : l'épuisement des gisements. Quand se produira-t-il ? Nul ne le sait, mais le délai avant cette échéance se mesure certainement en quelques siècles.

Certes, lorsque les régions productrices actuelles seront asséchées, il faudra exploiter des champs pétrolifères de plus en plus inaccessibles. Le coût de production augmentera, les cours monteront, le prix du marché s'orientera à la hausse et la consommation diminuera. Le mécanisme libéral jouera alors son rôle. Mais il sera trop tard pour préserver les intérêts des générations suivantes.

Sur la planète aux ressources illimitées qu'imaginaient les hommes d'autrefois, il était normal de ne prendre en compte que les contraintes présentes pour orienter les décisions. Il était alors raisonnable de mettre en place un mécanisme libéral de fixation des prix. Nous savons aujourd'hui que cette vision est à l'opposé de la réalité. Mais il n'est pas évident que de nombreux économistes, et les hommes politiques qui les écoutent, aient opéré la remise en cause nécessaire.

Prise en compte de l'avenir

LA FINITUDE de notre planète nous met face à des responsabilités que les hommes d'autrefois pouvaient ignorer. Les conditions de vie imposées aux hommes par la nature semblaient depuis toujours immuables. Les saisons se succédaient à un rythme constant. On admettait implicitement que l'avenir se déroulerait nécessairement en offrant aux hommes une terre toujours semblable. Cette évidence d'un monde stable est poétiquement exprimée par l'apostrophe du vieux Ronsard à une jeune femme : « J'ai été ce que vous êtes, vous serez ce que je suis. » L'avenir de chacun peut être décrit comme semblable au présent de ceux qui l'ont précédé. Notre planète semble un théâtre que n'affecte pas le jeu des acteurs qui s'y agitent.

Ce que constate la phrase de Paul Valéry que j'ai répétée hier est un changement radical de ce regard sur les conditions du déroulement de notre histoire.

Elle signifie que certains actes ont des conséquences irréversibles. Si nous détruisons les décors de notre théâtre, jamais plus nous ne pourrons jouer certains rôles de notre répertoire. Il est clair que les règles adoptées pour vivre ensemble doivent impérativement tenir compte de cette irréversibilité. Cela suppose la mise en place de procédures de décision dont l'obsession permanente est la préservation de l'avenir de la collectivité humaine.

Cette obsession nécessaire est à l'opposé de l'attitude libérale qui, délibérément, ne tient compte que des intérêts immédiats des divers acteurs, qu'ils soient producteurs ou consommateurs, vendeurs ou acheteurs. Cet oubli des contraintes imposées par notre milieu pouvait être sans grave conséquence lorsque nos actes n'avaient que des effets insignifiants sur les équilibres naturels. Les pouvoirs que nous nous sommes récemment donnés ont mis fin à cette possibilité d'insouciance. Le changement a été brutal. En moins de deux siècles, nous sommes passés du statut d'acteurs se produisant sur la scène à celui de régisseurs du théâtre.

Habitués que nous sommes à un changement permanent de nos habitudes de vie, nous ne sommes guère conscients de la stabilité des conditions d'autrefois. Cela est vrai par exemple pour les déplacements : les voyages étaient aussi longs à l'époque de Napoléon qu'à celle de César. Les armées de l'empereur mettaient le même temps pour atteindre Moscou que celles d'Attila venant des plaines de l'Est pour atteindre les champs Catalauniques.

Et cela est vrai surtout pour l'usage que les humains faisaient des ressources proposées par la terre. La consommation de celles qui sont renouvelables respectait le rythme de leur production ; quant à celles qui ne le sont pas, leur consommation était pratiquement nulle. L'insouciance délibérée que prône la théorie libérale n'avait donc guère de conséquences. Tout a changé avec l'irruption de l'efficacité industrielle.

Liberté des peuples et régulation planétaire

SUR LA TERRE d'aujourd'hui, les actes de chacun ont des répercussions sur tous les autres. Cela n'est vrai que depuis bien peu de temps. Le changement a été si brutal – il s'est produit en moins d'un siècle – que les mentalités des peuples n'ont guère eu le temps de s'y adapter. Les adages préconisant la possibilité pour chaque individu d'être maître chez lui, pour chaque peuple d'être indépendant sur son territoire, sont devenus trompeurs. Même le concept de liberté, si cher à tous ceux qui se battent pour le respect de tous les hommes, est un concept à repenser.

Car la liberté n'est pas le caprice. Certes, isolé, loin du regard et des actes des autres, je peux faire tout ce que les contraintes naturelles me permettent. Mais cette absence d'obstacles, de règles, de jugements, n'est pas vraiment synonyme de liberté, elle est synonyme de caprice.

N'oublions pas que la caractéristique fondamentale de notre espèce est la construction de la personne de chacun grâce à la rencontre des autres. Seuls les liens que nous tissons nous permettent d'accéder à la conscience d'être. C'est l'appartenance à une communauté humaine qui nous rend véritablement humain. L'isolement est la négation de ce processus d'accès à l'humanité. La liberté est donc à l'opposé de l'attitude d'isolement ; elle ne peut être qu'une construction collective, aboutissant à un ensemble de contraintes, qui doivent être précisées grâce à la contribution de tous.

Cette construction a été réalisée par de nombreux peuples sous la forme d'une démocratie. Les résultats ne sont pas toujours à la hauteur des espoirs, mais les progrès, quoique trop lents, sont visibles. Il faut maintenant accomplir l'étape suivante ; ce sera la réalisation d'une démocratie planétaire. Cela suppose qu'aucun groupe, aucune nation, ne puisse se réfugier dans un splendide isolement, qui serait la négation de l'appartenance à l'humanité.

Pour chaque individu, l'isolement ne génère pas la liberté ; celle-ci ne peut résulter que de la prise de conscience de l'existence de l'autre et de la nécessité du respect. C'est parce qu'il s'ouvre à l'autre, et non parce qu'il se défend de l'intrusion de l'autre, que chacun peut se sentir libre. De même, pour un peuple, l'insertion dans une collectivité planétaire suppose la prise en compte et le respect des autres.

C'est dans la mesure où il est capable de s'ouvrir qu'il peut se prétendre libre.

Cette évidence pouvait être ignorée sur une terre où les peuples étaient dispersés. Chaque groupe est désormais le « prochain » de tous les autres. Il en faut tirer les conséquences.

FMI et Banque mondiale

J'AI ÉVOQUÉ la nécessité devenue urgente d'un pouvoir établi au niveau planétaire, avec pour objectif d'organiser les rapports entre les peuples de façon telle qu'ils puissent chacun construire sa liberté. Ce pouvoir, nous le savons, existe déjà sous la forme de l'ONU.

Après la Première Guerre mondiale, une première tentative a été faite sous la forme de la Société des Nations. La folie collective qu'avait été ce conflit rendait évidente la nécessité d'un lieu de concertation permettant d'éviter d'en venir aux armes. Mais, dépourvue de moyens, la SDN ne put éviter le renouvellement du drame en 1939. Elle a été remplacée, après le second conflit, par l'ONU. Il est clair qu'à de multiples reprises son rôle a été bénéfique, mais les événements récents, notamment au Proche-Orient, montrent l'insuffisance des pouvoirs qui lui ont été attribués. Elle est en fait un lieu de discussion beaucoup plus qu'un organe de décision.

Certes, un accroissement des pouvoirs de l'ONU est difficilement réalisable car il se heurte à la volonté d'indépendance des États, mais, étrangement, cette volonté a été moins affirmée dans un domaine où la mondialisation est de fait réalisée, celui de l'économie et de la finance.

Créés pour aider, après la Seconde Guerre mondiale, les pays dévastés ou trop pauvres pour espérer échapper à la misère, le Fonds monétaire international (FMI) et la Banque mondiale ont eu, dans une première phase, un rôle très bénéfique. Mais leur évolution les a conduits à modifier leur objectif ; celui-ci est devenu le maintien de leur pouvoir et, par leur entremise, le maintien du pouvoir des pays riches sur les pays pauvres.

La façon même dont ces organismes sont constitués dévoile cette finalité. À l'ONU, afin de préserver le pouvoir d'intervention de tous les États, chacun d'eux reçoit une voix, quelle que soit son importance démographique. Au FMI et à la Banque mondiale, au contraire, le poids de chaque État est fonction de sa contribution financière. Le groupe des six ou sept pays les plus riches peut donc imposer sa loi à l'ensemble des autres. Il ne s'agit plus, contrairement aux déclarations officielles, de démocratie mais de mise sous tutelle des pauvres par les riches.

Cette mise sous tutelle est manifestée par les

plans d'ajustement structurel (PAS) imposés aux pays qui se sont trop endettés et se retrouvent incapables de rembourser, et même de payer les intérêts. Ces plans les obligent à diminuer les crédits consacrés à des activités non directement rentables comme l'éducation, ce qui ne fait que préparer des drames à venir. Ils orientent la production vers les biens exportables, au détriment de ceux qui sont utiles à la population et qui doivent désormais être importés. C'est un véritable cercle vicieux dans lequel le FMI, au nom de la théorie libérale, enferme les plus démunis. J'essaierai de préciser demain le mécanisme de ce pillage des pauvres par les riches.

Pillage des pauvres par les riches

Revenons sur le rôle joué par la Banque mondiale et le FMI. Je ne mets pas en doute que les dirigeants de ces organismes soient mus par le désir sincère de venir en aide aux pays les plus pauvres ; c'est avec cet objectif qu'ils ont été créés, peu après le dernier conflit mondial. Mais la logique implacable de la machine économique mondiale fait que ces bonnes intentions sont détournées de leur finalité.

Souvent mal gouvernés, certains pays du Sud s'endettent au point de ne pouvoir rembourser le capital emprunté et sont même hors d'état de payer les intérêts. Ils demandent alors une nouvelle aide. Avant de l'accorder, le FMI les met sous tutelle en leur imposant un plan d'ajustement structurel (PAS). Ils sont donc contraints de, comme on dit, « réduire leur train de vie », c'est-à-dire de réduire le nombre des fonctionnaires et de diminuer les salaires payés par l'État. Cela est réalisé notamment au détriment de services publics, comme la santé et l'éducation. Simultanément, l'activité économique est orientée vers la production de marchandises exportables, au détriment de celle consacrée à la consommation locale. Comme plusieurs pays des mêmes régions sont soumis à la même pression, ils se retrouvent en concurrence les uns avec les autres sur le marché des produits qu'ils exportent, d'où une baisse de leurs prix. Ainsi, selon les statistiques mêmes de l'ONU, l'indice des prix de l'ensemble des produits exportés par le Sud a baissé de moitié entre 1980 et 1992. Il a donc fallu que ces pays produisent deux fois plus pour rembourser la même dette. Simultanément, les produits qu'ils sont contraints d'importer voient leur prix augmenter.

Le résultat de ce processus imposé par les financiers se manifeste par une régression du niveau de vie, un système de santé inefficace car privé des moyens de soigner et l'enfoncement de la population dans un analphabétisme qui prépare des lendemains plus douloureux encore. Face à cet enchaînement, les peuples sont tentés par une révolte à laquelle les autorités répondent par une répression souvent brutale. Ainsi sont mis en place des États dictatoriaux auxquels le reste du monde refuse son aide au prétexte qu'ils ne respectent pas la démocratie.

Une fois encore, ce n'est pas par pure méchanceté que les puissants ont réalisé ce mécanisme apparemment diabolique. À chaque stade du processus, les intentions sont bonnes. C'est le cadre global qui aboutit à cette perversion. L'erreur fondamentale est de tout regarder avec une mentalité d'économiste ; il est toujours question de valeur marchande, jamais d'êtres humains.

Jeux de hasard

J'AI SOUVENT TENTÉ de pourfendre les agences de publicité qui abîment nos paysages et détruisent les entrées de nos villes avec leurs panneaux démesurés. Mais plus désastreux encore sont les dégâts provoqués par cet étalage de laideur dans nos esprits. Car la publicité est capable de nous faire admettre comme des évidences des aphorismes qui sont simplement des mensonges.

Je prends pour exemple une phrase concernant les loteries dont nous sommes envahis chaque semaine : « Au Loto, cent pour cent des gagnants ont tenté leur chance. » Cette phrase est doublement vicieuse.

Elle semble dire une vérité première : seuls ceux qui ont un ticket en poche ont une chance de toucher un lot, cela va de soi. Mais elle suggère, avec l'expression « cent pour cent », que cette chance est élevée, alors qu'elle est extrêmement faible. Le mensonge est habile, qui consiste non pas à affirmer mais à suggérer une idée fausse : la probabilité de gain est élevée. Cela est entendu sans avoir été dit. Cette idée est d'autant plus facilement acceptée qu'elle correspond à un désir informulé de chacun.

Seconde erreur : malgré les apparences, parmi ceux qui gagnent au Loto figurent tous ceux qui n'ont pas joué. En effet, l'impôt sur ce genre de jeux est très important – je crois, mais il faudrait demander le chiffre exact aux gens du métier, qu'il est de l'ordre de trente pour cent. Tous ceux qui jouent font donc cadeau à l'État, c'est-à-dire à la collectivité, de près d'un tiers de leurs mises. C'est autant que l'État n'a pas à demander au contribuable. Moi qui ne joue jamais, je suis donc un heureux bénéficiaire de ces jeux car mes impôts sont allégés grâce à eux. Je fais, ne jouant pas, partie des gagnants. La formule de la publicité est donc mensongère.

Les perdants, ce sont l'immense majorité des joueurs. Or ils ne représentent pas la même proportion de la population dans toutes les catégories. Ceux qui n'ont que peu d'espoir de voir leur sort s'améliorer sont plus tentés que les nantis de jouer leur va-tout, en s'en remettant au bon vouloir du hasard. Les loteries de tout genre représentent en fin de compte une ponction sur les ressources des plus démunis. Elles deviennent l'équivalent d'une drogue pour ceux qui mettent leur seul espoir dans une roulette. Limiter ou même supprimer toute publicité pour cette drogue serait un acte d'hygiène mentale collective.

Théories économiques et expérimentation

LES PÉRIODES ÉLECTORALES apportent une occasion utile de confrontation des théories économiques. Comment organiser au mieux la production des biens et comment gérer leur répartition ? Chacun avance des arguments convaincants pour défendre telle ou telle idéologie, les uns insistant sur la nécessaire efficacité, les autres sur la non moins nécessaire justice.

Ces querelles peuvent faire l'objet de débats théoriques, fort académiques, où les passions se camouflent derrière des équations. L'exemple extrême est l'œuvre du seul Français ayant reçu le prix Nobel d'économie, Maurice Allais.

Mais lorsque des débats de cet ordre surgissent au sein d'une communauté scientifique, quelle que soit la discipline concernée, le départage entre les idées ou les propositions antagonistes peut être obtenu par une voie tout autre que la discussion, l'expérimentation. Lorsqu'il est possible d'observer des faits dans des conditions rigoureuses, on peut en déduire quelle théorie est, plus que telle autre, conforme à la réalité.

Un exemple célèbre est celui de la relativité générale proposée par Albert Einstein en 1915. Une des conséquences de cette nouvelle façon d'expliquer l'attraction gravitationnelle entre les objets est que les rayons lumineux sont détournés par les masses. Si cette théorie est conforme à la réalité, la lumière ne se propage pas toujours en ligne droite. Lorsqu'un rayon venant d'une étoile lointaine passe aux environs du Soleil, sa trajectoire est infléchie. Comment savoir si cela a bien lieu ? En regardant, lors d'une éclipse totale de Soleil, la position d'une étoile située juste dans la direction du bord du Soleil et en vérifiant que la position apparente de cette étoile est bien affectée, ce qui valide l'ensemble de la théorie. Mais les éclipses totales du Soleil sont rares. Il a fallu attendre 1919, juste après la Première Guerre mondiale, pour qu'une équipe de physiciens se déplace avec son matériel sur une île tropicale et photographie, avant, pendant et après l'éclipse, le ciel avoisinant le Soleil. La position des étoiles s'y trouvait déplacée exactement de l'angle prévu par les équations d'Einstein. La démonstration était faite que les raisonnements effroyablement abstraits qu'il avait développés étaient en accord avec la réalité.

Ce rappel historique suggère deux directions de réflexions. Tout d'abord que la seule logique permet parfois d'aller au cœur de la réalité du monde qui nous entoure. À partir de quelques hypothèses raisonnables dont il avait tiré les conséquences extrêmes, Einstein avait dévoilé une caractéristique inconnue de notre cosmos. Ce n'est pas l'observation qui avait permis de mieux connaître celui-ci, mais la pure rigueur intellectuelle.

La seconde remarque est que la discipline scientifique qu'est l'économie n'a pas la même ressource. Elle ne peut pas confronter les théories en présence en procédant à une expérimentation. Et, surtout, lorsqu'une tentative est faite avec cet objectif, elle n'est que rarement conduite dans des conditions rigoureuses.

Économie et guerre

J'AI CHOQUÉ certains esprits par le petit apologue que j'ai proposé sur le fait que le vol, l'insécurité, la délinquance en général avaient des effets bénéfiques sur le niveau de l'emploi. Car, oui, si demain tous les cambrioleurs arrêtaient définitivement leurs activités, des centaines de milliers de serruriers, de policiers, de gardiens de prison se trouveraient au chômage. Cet apologue décrit en fait une caractéristique de nos économies qui se manifeste également dans le commerce des armes.

Ce commerce porte globalement sur des sommes de l'ordre de 150 milliards d'euros chaque année. Si, demain, tous les États qui achètent ces armes – et qui, souvent, s'endettent pour cela – annulaient définitivement leurs commandes, les pays fournisseurs, dont le nôtre, connaîtraient un grave problème d'emploi. Notre gouvernement s'enorgueillit des commandes de chars ou d'avions obtenues dans les pays du Golfe ; les syndicats eux-mêmes s'en réjouissent, car cela représente des milliers d'heures de travail pour les usines. Pourtant, il s'agit de la participation à une activité globalement suicidaire.

Un exemple extrême de ces effets apparemment bénéfiques de la guerre est fourni par les changements intervenus aux États-Unis durant les années 1940. Ce pays n'était alors pas encore sorti de la grave dépression qui avait suivi le krach boursier de 1929. Le déclenchement de la Seconde Guerre mondiale, en septembre 1939, a provoqué un flot de commandes de matériels divers de la part de la Grande-Bretagne et de la France. Cette aide se transforma en une participation active aux combats à partir de Pearl Harbor. Trois millions de jeunes furent mobilisés et l'industrie embaucha sept millions de travailleurs. Au chômage succéda une période de suremploi qui provoqua une prospérité générale.

Le président Roosevelt avait, dès le début des années 1930, tenté de sortir de la crise grâce à des projets de grands travaux utiles, le New Deal, une nouvelle donne économique. Le succès avait été mince. Ce que n'avait pas réussi le New Deal a été immédiatement obtenu grâce à la production des armes.

Les hommes d'aujourd'hui sont, hélas, prêts à faire des efforts, à se priver lorsqu'il s'agit de se battre les uns contre les autres. Ils le sont moins lorsqu'il s'agit de se venir en aide ou de se battre les uns à côté des autres contre leurs véritables ennemis communs, les catastrophes naturelles, les maladies, les sécheresses, les épidémies.

Ce comportement n'a rien de fatal. C'est l'organisation de la vie en commun sur l'ensemble de la planète qui est en cause. Cette organisation dépend de nous. Pourquoi, par exemple, ne pas donner à l'Organisation mondiale de la santé les moyens de lutter efficacement contre le sida dans les pays pauvres ? C'est là un objectif qui coûterait moins cher que les batailles que l'on a déclenchées pour défendre les puits de pétrole du Koweït.

Droit de propriété

PERMETTEZ-MOI de réfléchir avec vous à un thème qui soulève facilement des passions : le droit de propriété et ses limites.

Remarquons tout d'abord que ce droit n'a de portée que dans la mesure où sont disponibles des biens que l'on peut se réserver et défendre contre la convoitise des autres. Dans l'humanité primitive, constamment à la recherche des moyens de survivre, l'appropriation n'avait guère d'objet. Nos ancêtres d'il y a vingt mille ans, avant l'invention de l'élevage et de l'agriculture, nomadisaient sans rien posséder ; forcés d'aller sans cesse à la recherche de nourriture, il leur fallait pouvoir se déplacer sans contrainte. Tout a changé avec la révolution du néolithique, lorsque les hommes ont commencé à élever des animaux et à cultiver la terre. Tout a changé non seulement dans leur mode de vie, mais dans leur regard les uns sur les autres. Ils ont déclaré : « Ce champ que j'ai cultivé est à moi, cette récolte que j'ai engrangée m'appartient, j'en suis le propriétaire. Personne n'a le droit d'y toucher. »

Au nom de la continuité de la famille, de génération en génération, cette appropriation est devenue transmissible. Peu à peu, la propriété a changé de statut et même de signification. Le fait de posséder est devenu une fin en soi. Un des cas limites de ce transfert de signification est celui des familles nobles, qui finissent par prendre le nom des terres qui leur appartiennent. Qui est alors la propriété de l'autre, les hommes ou les biens ?

Un autre exemple extrême est celui des peuples qui attribuent à Dieu lui-même la décision d'accorder tel territoire à tel peuple. Cette façon de ramener Dieu au statut du géomètre qui trace des frontières, du garde-champêtre qui les surveille ou du policier qui les fait respecter, apparaît comme un véritable blasphème pour ceux qui prennent au sérieux le concept de divinité. Elle n'en joue pas moins un rôle décisif dans le comportement de certains peuples.

Le principal problème posé par le droit de propriété a été l'effet rapidement pervers de la transmission d'une génération à l'autre : cette terre m'appartient non plus parce que je l'ai cultivée mais parce qu'elle a été cultivée par mon père ou mon grand-père ou un très lointain aïeul dont on a perdu la mémoire. La justification de cette affectation d'un bien initialement collectif à un individu ou une famille semble alors très vague. Elle est pourtant à la base de l'accumulation de la fortune par certaines familles ou certains clans.

Ce mécanisme entraîne presque nécessairement un accroissement de la richesse des riches et donc un appauvrissement des pauvres.

Pour lutter contre cette conséquence, qui détruit à terme la cohésion du groupe, certains peuples ont pris des mesures. Ainsi, le peuple juif avait instauré l'année jubilaire : tous les cinquante ans, chaque propriétaire rendait à la collectivité les biens reçus en héritage depuis l'année jubilaire précédente. De même, le Coran oblige les riches musulmans à payer chaque année un impôt égal à trois pour cent de leur fortune, ce qui annule celle-ci en quelques décennies. Cette sagesse, hélas, n'est guère observée dans les sociétés actuelles.

La propriété aujourd'hui

POURSUIVONS l'analyse des problèmes que génère la transmission de la propriété entre les générations et rappelons les mesures qu'avaient prévues certaines cultures pour y remédier. L'année jubilaire proposée par la culture juive ou l'impôt annuel prévu par le Coran avaient pour objectif de lutter contre l'enrichissement des riches et l'appauvrissement des pauvres, conséquences provoquées mécaniquement par cette transmission. Nos sociétés occidentales se contentent aujourd'hui de moyens beaucoup plus superficiels et moins efficaces, l'impôt sur la fortune ou les droits de succession.

Étrangement, le droit de propriété demeure le pilier central de nos institutions. Lorsque le philosophe Proudhon prenait, pour titre d'un livre, la question *Qu'est-ce que la propriété ?* et osait répondre : « La propriété, c'est le vol », il faisait scandale. Cette réponse lapidaire ne traduisait en fait pas réellement sa pensée : c'est moins contre le principe même de la propriété que contre ses excès qu'il s'insurgeait.

Une des sources du besoin de s'approprier des biens de toute nature est l'inquiétude face à l'avenir. Vivre au futur est une des caractéristiques de notre espèce ; ce futur inconnu, nous désirons le préparer, le mettre à l'abri notamment des actes des autres. Déclarer que tel bien, tel droit nous appartient, le faire reconnaître par la collectivité, est un moyen de nous mettre à l'abri des autres, ces « autres » que nous considérons si facilement comme un danger.

Mais le lien ainsi créé entre un bien et nous est lourd d'un risque d'aliénation. Nous devenons l'objet de l'objet que nous nous sommes approprié à la façon des familles nobles qui prennent le nom des terres qu'elles possèdent. Cet exemple est suivi, à l'autre extrémité de l'échelle sociale, par le possesseur d'un petit pavillon de banlieue qui surveille jalousement les clôtures de son jardin et qui est prêt à le défendre les armes à la main.

Un équilibre est à trouver entre le besoin d'un minimum de sécurité et le danger d'un enfermement dans une appropriation qui devient une prison. Notre société se révèle incapable de proposer une solution ; celle-ci ne peut venir que d'une vision globale des biens proposés par notre planète ou produits par l'activité des humains.

Propriété collective

DANS notre analyse du processus qui a mené au concept de propriété et au comportement de défense des propriétaires, nous avons surtout considéré le rôle des individus ou des familles. Mais la notion de propriété s'étend bien au-delà du pouvoir exercé par une personne. De nombreux biens sont considérés comme des propriétés collectives gérées par les organes de direction que se sont donnés ces ensembles de personnes. Les communes, les associations, les nations sont des propriétaires. En France, par exemple, de nombreuses forêts sont dites « domaniales » car elles font partie du domaine de la Nation. Dans la gestion de ces biens, les responsables, s'ils veulent véritablement assumer leur rôle, tiennent compte non seulement des intérêts immédiats de ceux qui les ont élus, mais aussi des intérêts de ceux qui leur succéderont.

Cette gestion collective vient d'acquérir une dimension nouvelle avec la mise en place d'un ensemble d'interconnexions qui rend solidaires non seulement les membres d'une région ou d'une nation, mais les humains de toute la planète. Cette interdépendance doit désormais être prise en compte dans nos comportements face aux richesses que nous propose la terre.

Ces richesses, que ce soit des bois précieux, des minerais ou du pétrole, à qui la terre les offre-t-elle ? Il suffit de poser la question pour qu'une réponse raisonnable s'impose : elle offre ces richesses aux hommes, à tous les hommes, quels que soient leur lieu de naissance, leur culture ou, ce qui est trop souvent oublié, la génération à laquelle ils appartiennent.

Comment a-t-on pu oublier cette évidence et accepter que des territoires immenses soient accaparés par quelques clans ou quelques familles, que les richesses du sous-sol soient attribuées à quelques groupes, qui ont été assez malins ou assez puissants pour faire admettre qu'ils en étaient les propriétaires ? Ainsi, au cours des années 1920, un personnage astucieux a pu développer une fortune colossale simplement en se donnant, avec l'accord de tous les intéressés, le pouvoir de répartir la production des gisements de pétrole d'Irak.

Dans ces répartitions, les oubliés sont les foules humaines à qui le droit de se manifester est totalement confisqué. Ils sont aussi, plus nombreux encore, les hommes de l'avenir qui ne peuvent s'exprimer et défendre leurs droits car ils ne sont pas encore nés. Ils trouveront dans quelques générations une planète à laquelle manqueront de nombreuses richesses ; celles-ci leur auraient été précieuses, que ce soit le pétrole, l'air non pollué ou l'eau pure. Elles leur étaient pourtant destinées tout autant qu'à nous, leurs ancêtres, qui les avons dilapidées. Ils risquent fort de nous maudire.

Délinquance

LE THÈME de la délinquance a pris une telle place dans le regard porté sur notre société qu'il me paraît opportun d'y revenir. Ce thème implique une réflexion sur l'opposition ordre-désordre et sur la signification de la liberté. J'ai souvent insisté sur l'erreur commise en confondant liberté et caprice. Être libre, c'est participer à la définition des contraintes qui s'imposent à tous.

Et l'on constate que les proverbes eux-mêmes nous trompent : « Ta liberté s'arrête là où commence celle des autres » est une erreur. En réalité, puisque pour être libre il faut être au moins deux, nous devrions affirmer : « Ta liberté commence avec celle des autres. » Ce ne peut être qu'en participant à la liberté des autres que je construis la mienne. La liberté est donc un bien commun que tous devraient participer à enrichir.

Hélas, cet idéal n'est que rarement atteint. Se pose

alors un problème qui ne peut avoir de solution rigoureuse : que faire face à ceux qui se comportent comme des ennemis de la liberté ? Le paradoxe avait été mis en évidence par les philosophes du siècle des Lumières : la société a-t-elle le droit de priver de liberté ceux qui combattent la liberté ? En le faisant, elle se transforme elle-même en destructrice de ce qu'elle veut défendre.

L'issue ne peut provenir que du système judiciaire. À lui de proposer les comportements collectifs les moins contradictoires. Il se contente, le plus souvent, de réagir au coup par coup, mais son action devrait viser le long terme en regardant au-delà de chaque acte délictueux et en s'attaquant aux sources de la délinquance.

Une de ces sources est l'évolution parfois trop rapide des problèmes posés par le « vivre ensemble ». Les avancées techniques qui modifient la nature même de nos activités, les changements démographiques qui transforment la définition de ceux avec qui nous vivons, nous obligent à réinventer ce vivre ensemble.

Il est certaines périodes où ces transformations sont lentes. Les règles de la vie en commun peuvent alors se perpétuer, presque identiques d'une génération à l'autre. Les proverbes qui expriment la sagesse populaire peuvent être répétés par les petits-enfants tels qu'ils les ont entendus de la bouche de leurs grands-parents. Les méthodes permettant de trouver des solutions aux conflits peuvent être mises au point. Mais ces périodes de calme, de continuité semblent rares.

Nous vivons actuellement un épisode de changement particulièrement rapide. En un siècle – ce qui, pour l'évolution d'une société, est une durée bien courte –, tout a été bouleversé, que ce soit les gestes de la vie quotidienne ou, surtout, le regard que chacun peut porter sur sa place dans la société, sur ce qu'il est à ses propres yeux. Nous vivons une véritable mutation. Ne nous étonnons pas des soubresauts qu'elle provoque.

Délinquance et injustice

FACE à la délinquance, deux points de vue sont possibles, l'un en aval, l'autre en amont. Le système policier et le système judiciaire se situent le plus souvent en aval. Ils s'interrogent à propos du délit commis et en tirent les conséquences. Pour apporter des propositions valables à long terme, il est préférable de se situer en amont et de s'interroger sur les causes de l'attitude qui a entraîné ce délit. Bien souvent, le terreau sur lequel poussent les actes des délinquants est paradoxalement le même que celui où se développe le mécanisme de répression. Dans les deux cas, le point de départ est le sentiment d'une injustice.

Dans un premier temps, le futur voleur passe devant un objet précieux. Il admire et s'interroge : « Comment me le procurer, je ne peux pourtant pas le voler. » Dans un deuxième temps, quelqu'un lui suggère : « C'est à toi que cette richesse est volée, puisqu'elle existe et que tu ne peux l'acquérir. » Enfin, dans un troisième temps, il finit par penser : « En m'en emparant, en en privant ceux qui m'en privaient, je deviens un justicier. » C'est finalement au nom de la justice que le délinquant commet des actes qui le conduisent devant la justice.

Lutter contre la délinquance, si l'on veut être efficace à long terme, c'est avant tout en tarir la source, et non sévir lorsqu'elle se manifeste. Il s'agit donc de construire un modèle de société qui ne généraliserait pas ce genre de frustration. Est-ce possible ? Sans doute pas totalement, mais un effort dans cette direction aurait plus de conséquences bénéfiques que la « tolérance zéro ».

Cet effort doit partir du constat que la frustration la plus insupportable résulte de l'impossibilité de trouver une place dans la société. Comment admettre que l'on est de trop ? Notre société, utilisant comme moteur la compétition, donne à un nombre toujours plus grand d'humains le sentiment qu'ils n'étaient « pas faits pour réussir ». La communauté humaine leur apparaît comme entourée de murailles pour eux infranchissables. Comment ne se révolteraient-ils pas ? Comment n'auraient-ils pas envie d'en détruire les rouages en s'attaquant à ses facettes les plus rutilantes ? La tolérance zéro ne doit pas concerner les méfaits des désespérés, elle doit concerner les méfaits d'un système qui ne sait pas s'ouvrir à tous. Et cela en premier lieu dans le domaine de l'éducation.

Nos amis québécois ont inventé le mot « décrocheurs » pour désigner les jeunes qui quittent l'école en cours de route. Ils devraient plutôt employer le mot « décrochés », en insistant sur la même différence qu'entre un voleur et un volé. Oui, ces décrochés sont les victimes d'une société qui n'a pas su les accueillir ; ne nous contentons pas de leur imputer leur échec.

Orientation

NOTRE RÉFLEXION sur les sources de la délinquance nous a inévitablement conduits à l'école, car c'est là que se joue l'insertion du jeune dans la communauté humaine. L'obsession de tous les acteurs du système éducatif devrait être de parvenir à cette insertion pour tous les jeunes, quelles que soient les éventuelles caractéristiques défavorables qui constituent des obstacles. Il ne s'agit pas de savoir si Untel est, ou non, digne de faire partie de l'humanité. Cette question ne doit pas être posée. Il est un humain, la communauté humaine a donc le devoir de lui faire une place. Elle doit voir en lui une richesse d'autant plus grande qu'il apporte sa différence.

Cette place ne peut être attribuée une fois pour toutes car le propre de chaque humain est, tout au long de sa vie, de se transformer, d'évoluer. La société devrait donc tenir compte, face à chacun, de ce qu'il est devenu, non de ce qu'il a été. Malheureusement, notre société est en permanence tentée d'enfermer chacun dans une définition, de lui mettre une étiquette définitive. La gestion des collectivités en est certes facilitée, mais au prix d'un refus d'une réalité qui, elle, évolue.

Ce catalogage commence dès l'école, cela fait même partie de ses fonctions reconnues sous le vocable de l'orientation. En fonction de résultats souvent imprécis, chacun est déclaré bon pour les lettres ou pour les sciences, pour les travaux manuels ou pour les activités intellectuelles. Cette orientation est, en fait, beaucoup plus fonction de l'environnement familial ou social que de caractéristiques stables propres au jeune. Ce mécanisme aboutit à un enfermement qui se poursuit de génération en génération. Certes, chacun connaît des cas de fils de manœuvres devenus P-DG, mais ces exemples camouflent la réalité globale. Citons seulement deux chiffres pour marquer cette prédétermination du parcours éducatif : le chercheur Michel Schiff indique dans son livre, *L'Intelligence gaspillée*, que moins de 2 % des enfants de contremaîtres et d'ouvriers atteignent le troisième cycle de l'université ; parmi les enfants de cadres supérieurs, cette proportion est de plus de 40 %.

Au-delà de la sécheresse des statistiques, il est clair que de nombreux jeunes peuvent à bon droit avoir le sentiment d'être exclus du banquet. Cette exclusion ne se manifeste guère brutalement. Elle est sournoise et résulte de mille occasions de rejet qui repoussent peu à peu certains vers le statut d'« humains de trop ». Comment ne préféreraient-ils pas le jaillissement imprévu du désordre à la morne régularité d'un ordre implacable ?

Efficacité

Les sociétés s'efforcent de s'organiser en groupes bien définis ayant chacun leurs obligations et leurs droits. Cette tendance peut être, nous l'avons vu, une des sources de la délinquance. Certains jeunes, notamment, se sentent enfermés dans un destin préfabriqué et cherchent à s'en échapper en refusant les règles du jeu.

Mais, ce faisant, ils sont regardés comme des individus néfastes car ils agissent à l'encontre d'un des objectifs du groupe, l'efficacité.

Il est vrai que les réalisations les plus grandioses ont été produites par des sociétés rigoureusement structurées. Pour construire les pyramides d'Égypte ou les temples d'Angkor, il a fallu que d'innombrables esclaves soient soumis à la volonté du pharaon ou du prince. Chacun doit alors une obéissance absolue à celui qui lui est hiérarchiquement supérieur, qui, lui, tire son autorité de cette obéissance à celui à qui il est soumis, et cela de proche en proche jusqu'au despote souverain, qui est souvent à la fois grand chef et grand prêtre.

Cette structure a été poussée à son paroxysme dans le roman d'Aldous Huxley, *Le Meilleur des mondes*. L'auteur y montrait qu'une telle structure hiérarchisée peut fort bien être compatible avec les possibilités techniques d'aujourd'hui. Il imaginait des humains répartis en cinq catégories : les alphas, au sommet, jouissaient de toutes les libertés, bénéficiaient de toutes les richesses produites, exerçaient tous les pouvoirs ; à la base, les epsilons subissaient toutes les contraintes, obéissaient aveuglément et travaillaient. L'idée la plus géniale, assurant la stabilité de cette société, était que ces epsilons étaient conditionnés dès leur vie fœtale non seulement à accepter leur condition d'êtres inférieurs, mais à s'en féliciter. Quelle chance nous avons, se répétaient-ils, de ne pas avoir tous les soucis des alphas qui ont constamment à prendre des décisions, à exercer leur liberté.

Cette description est celle d'une cité idéale, du moins dans la mesure où le seul objectif est l'efficacité. Cet objectif implique que la majorité des hommes soient soumis comme le sont les diverses catégories d'abeilles dans une ruche : chacune y a son rôle, l'assume et s'en satisfait.

Il se trouve que certains hommes ont adopté un autre objectif en proposant une structure tout autre, la démocratie, fondée sur l'idée que la liberté est plus importante que l'efficacité. Il nous faut maintenant choisir.

Rencontres

DANS mon parcours personnel, j'ai eu l'immense privilège de rencontrer des personnages qui sont de véritables sources : l'abbé Pierre, René Dumont, Théodore Monod. Mais pour respecter complètement la vérité, il me faut reconnaître le rôle tout aussi important qu'ont joué des rencontres avec des personnes dont le nom ne provoque de résonance qu'en moi, ou même avec des anonymes dont je ne connais rien, sinon le choc que tels de leurs mots, telle de leurs attitudes ont provoqué.

Au premier rang, celle avec qui, chaque jour, j'évoque le passé, décide le présent, envisage l'avenir, et cela depuis un demi-siècle, est évidemment la source principale de mes « je ». Dans la construction de chacun de nous deux, la participation de l'autre a été si décisive que le réalisme voudrait que ces « je » soient prononcés « nous ». À cet entrelacs inextricable d'influences réciproques est venu s'ajouter le jeu toujours renouvelé des rencontres avec nos fils. J'ai eu au départ l'illusion de les faire évoluer, mais j'ai peu à peu découvert qu'ils me faisaient changer.

Les matériaux qui ont participé à la construction de la personne que je suis devenue ont été également fournis par de nombreux inconnus qui ont su, certains, me désarçonner par une objection, d'autres, me déstabiliser par une insulte, d'autres encore, me conforter par un compliment. Ces rencontres ne sont jamais un exercice facile. La notoriété ne les facilite guère. Certes, le fait d'être connu multiplie les occasions d'un échange, mais il fausse les rapports en insérant, d'entrée de jeu, chacun dans un rôle qui l'enferme. Au lieu d'être sincère, il est tentant d'entrer dans la peau du personnage que l'on est censé être. Alors la rencontre disparaît. Elle renaît lorsque chacun fait effort pour être lui-même.

Il y a enfin des rencontres collectives, par exemple avec une classe, avec un amphi. Aucun visage ne s'est imprimé dans mon esprit, mais je garde le souvenir de quelques instants magiques qui m'ont marqué tant l'émotion semblait partagée, à l'occasion de telle poésie, de telle remarque, de telle difficulté. Comment oublier ce moment de communion, dans un collège de la banlieue nord, après que j'ai récité quelques vers de Gérard de Nerval ? « Comme c'est beau », a dit un grand pour rompre le silence qui devenait gênant tant il était empli de ferveur. Oui, de belles rencontres.

Au revoir

CETTE SÉRIE DE RENCONTRES aboutit à sa fin provisoire. Qu'ai-je essayé de transmettre tout au long ? Une tentative de lucidité, tentative reliée à une prise de conscience personnelle.

Je me souviens de l'émotion que j'ai ressentie le jour, il y a bien des années déjà, où je me suis soudain rendu compte que j'étais plus vieux que mon père. J'avais soixante et un ans et il n'avait pas pu atteindre cet âge. Lui qui avait toujours représenté pour moi la connaissance du monde, l'expérience, la sagesse n'avait pu accumuler autant d'années que moi. Je ressentais comme une agression à son égard les moments de vie qui allaient m'être accordés et dont il n'avait pas bénéficié. En contrepartie de ce cadeau de la nature, je me faisais un devoir de ne pas dilapider stupidement, en activités dérisoires, ces moments précieux dont je comprenais, en les vivant, que tous les hommes n'avaient pas la chance de les recevoir.

La meilleure façon de ne pas gâcher ces instants par chance disponibles est évidemment de les partager, c'est-à-dire de communiquer, de mettre en commun. J'ai peu à peu compris que la réalité de chacun des êtres humains se situe moins à l'intérieur de lui que dans les échanges qu'il peut provoquer. J'ai donc reçu comme un cadeau la possibilité que m'a donnée la direction de France Culture de m'exprimer quelques minutes chaque jour. Avec un regret cependant, lié à la technique même de la radio : la difficulté du retour. J'essaie de trouver les formules les plus proches possibles des idées exprimées ; mais j'ignore comment sont finalement compris les mots entendus.

Les auditeurs qui ont pris la peine de m'écrire ne sont certes qu'un échantillon très limité de l'ensemble, et surtout un échantillon, comme disent les statisticiens, non représentatif. Mais ils m'ont montré que je n'avais pas toujours réussi dans ma recherche de mise en commun. Cela a été manifeste en deux occasions : la description de mon bref passage en Palestine – y compris ma rencontre avec Yasser Arafat –, puis ma prise de position à propos du procès de deux hommes injustement accusés de meurtre. Certains correspondants ont compris, dans le premier cas, que je prenais parti pour les kamikazes, ce qui est loin d'être ma position, et, dans le second cas, que je faisais l'apologie de la délinquance. Alors que je cherchais simplement à expliquer les motifs de cette délinquance.

J'ai donc, au cours de cette année, expérimenté les difficultés d'une véritable mise en commun. Il reste que, malgré tout, elle doit être tentée, car une idée ne vit que lorsqu'elle est confrontée à l'idée d'un autre. Il est finalement impossible d'échapper à l'aboutissement de toute réflexion, quel que soit le point de départ : dans une vie humaine, les rencontres sont l'essentiel.

Table

Cet ouvrage a été composé par
I.G.S. - Charente Photogravure à L'Isle-d'Espagnac (16)

Achevé d'imprimer en décembre 2003
sur presse Cameron
dans les ateliers de
Bussière Camedan Imprimeries
à Saint-Amand-Montrond (Cher)
pour le compte des Éditions Stock
31, rue de Fleurus, 75006 Paris

Imprimé en France
Dépôt légal : janvier 2004
N° d'Édition : 41391. N° d'Impression : 035772/4
54-07-5651/2
ISBN 2-234-05651-9